HISPANOAMÉRICA

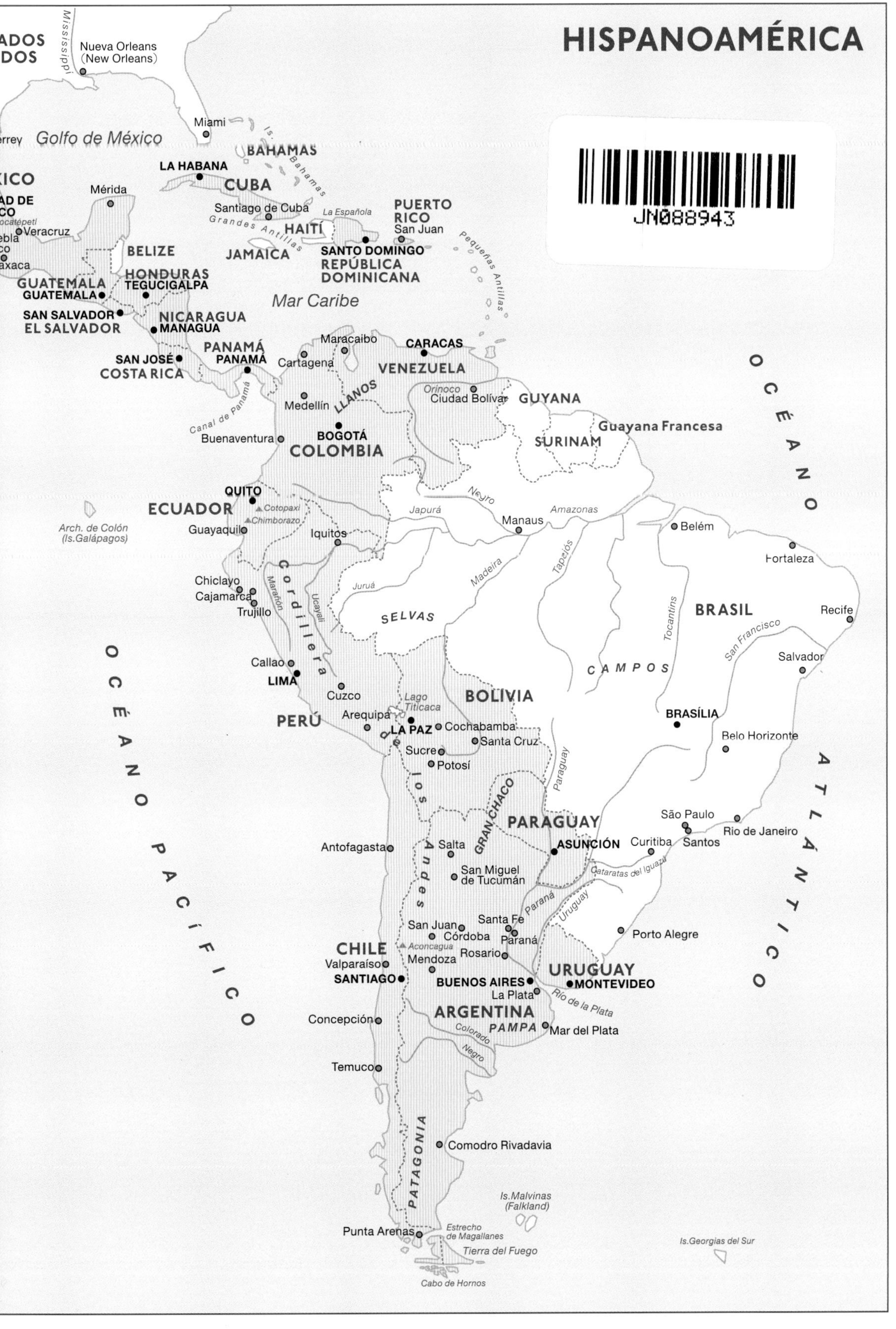

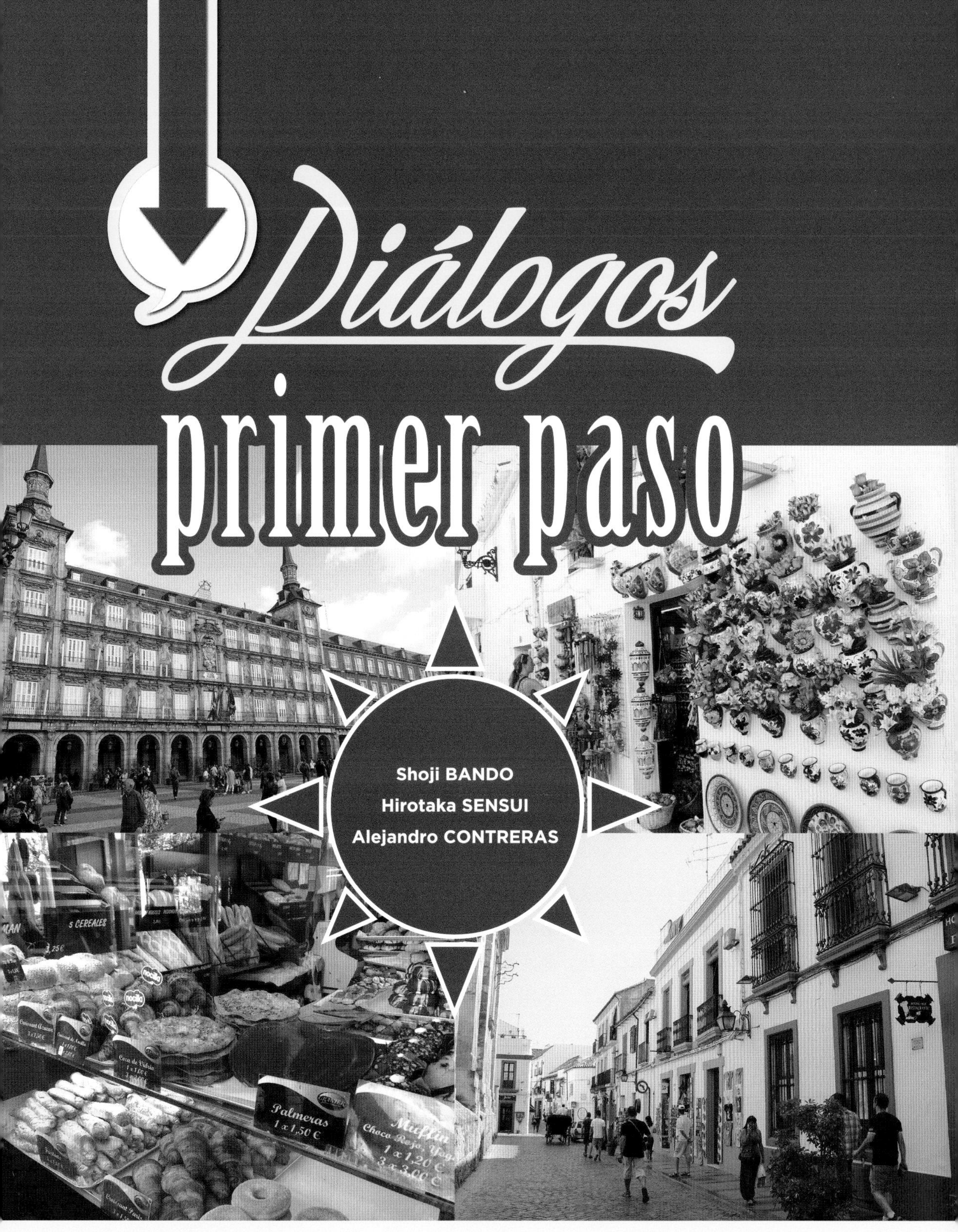

Diálogos primer paso

Shoji BANDO
Hirotaka SENSUI
Alejandro CONTRERAS

SANSHUSHA

はじめに

今，世界で最も注目されている言語の一つにスペイン語があげられます。多くの人がスペイン語を使用し，また広い地域で用いられていることはみなさんも聞いたことがあるでしょう。その使用地域はスペイン，メキシコなど 20 か国，使用人口はおよそ 4.4 億人です。加えて，外国語としてアメリカ合衆国など多くの国々で使用されており，話者の数も増加の一途をたどっています。

日本でも今後，スペインはもとより，豊かな資源や文化的伝統を誇るラテンアメリカとの交流を深めていくことが必要であり，また国内でもラテンアメリカ出身の労働人口が増加する中，スペイン語の需要はいろいろな場面でますます高まるものと思われます。

さて，このように重要性を増すスペイン語を大学で教える教科書は，すでに数多く出版されています。その多くは初級文法教材であり，伝統的な文法訳読メソッドによって学習者のスペイン語の習得を目指しています。特にことばの仕組みを学ぶという面では，このメソッドがこれまで多くの成果をあげてきたことは否めません。しかしながら，この方法だけで学習者がスペイン語を使えるようになるかというと，現実にはなかなか難しいものがあります。ことばのしくみだけを学んでも，それを実際に使う練習をしてみなければ，ことばを使えるようにはなりません。

本書では，このような観点に基づき，実際に使えるスペイン語を身につけることを目的としています。そのため，さまざまな場面に対応する短文の対話文を作成しました。学習するみなさんは，それぞれの対話が使われる場面をよく理解しながら，実際に対話文を使ってみましょう。対話文は単に暗記するためだけのものではありません。対話である以上，常に一人あるいは二人以上の相手と一緒になって，いろいろな練習問題の中で文を使いながら身につけるようにしてください。

だからといって，もちろん文法の重要性を否定するわけではありません。短文であれ文を作る上で，文法は欠かすことのできないものです。本書ではその欠かすことのできない，最小限度の部分をコンパクトにまとめました。側注欄で必要に応じて少々，また，各課の最後に「文法のまとめ」として載せてありますので，活用してください。

また，側注には各場面と関係の深い，使える語彙や表現をできるだけあげるようにしました。対話文の該当する箇所を入れ替えたりして，練習問題を行う際に役立ててください。

本書を使って，みなさんがスペイン語で表現できる部分をどんどん広げていけることを期待しています。

著　者

『ディアロゴス　ベーシック・コース』刊行にあたって

本書の前身である『ディアロゴス　対話で学ぶスペイン語』は，スペイン語を初めて学ぶ多くの方々に使っていただくことができ，著者一同大変ありがたく感じております。しかしながら，2010年に初版，2016年に改訂版が出て，改訂版からでも既に6年が経つこともあり，また，中級向けのテキストへのご要望もいただいていたことから，この度，初めて学ぶ方向けに『ディアロゴス　ベーシック・コース』，学習を継続していただける方のために『ディアロゴス　ネクスト・ステージ』という形で，新たに生まれ変わることになりました。

『ディアロゴス　ベーシック・コース』は，基本的に『ディアロゴス　対話で学ぶスペイン語』の内容・構成を受け継ぐ形になっていますが，以下の点で見直しを行いました。

⑴　語彙や表現のうち，現代の状況に合わなくなったものを変更しました。

⑵　装丁・イラストを大きく見直し，より見やすく，親しみやすいものにしました。また，写真もカラーにしたり，新しいものに入れ替えたりしています。

⑶　その他，細かい訂正を適宜行いました。

本書を用いて，スペイン語に親しみ，スペイン語圏への興味を深めていただき，また，『ディアロゴス　ネクスト・ステージ』でさらに学習を進めていただけたら、著者としては望外の喜びです。

著　者

音声ダウンロード＆ストリーミングサービス（無料）のご案内

https://www.sanshusha.co.jp/onsei/isbn/9784384420234/

本書の音声データは，上記アドレスよりダウンロードおよびストリーミング再生ができます。ぜひご利用ください。

ÍNDICE
もくじ

Acueducto romano (Segovia)

Las murallas (Ávila)

Mezquita (Córdoba)

Palacio de la Alhambra (Granada)

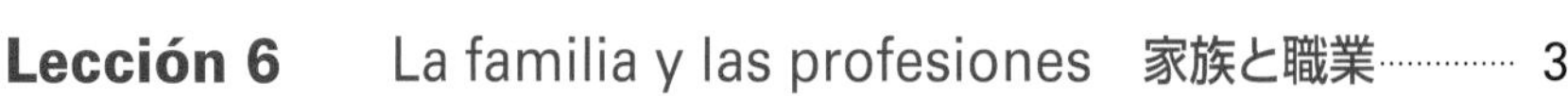

Casa Batllò (obra de Gaudí, Barcelona)

Catedral (Toledo)

Molinos (Campo de Criptana)

Sagrada Familia (obra de Gaudí, Barcelona)

Alcalá de Henares

Alfabeto y pronunciación 文字と発音

（文字と発音） スペイン語のアルファベットは，27 文字あります。英語と同じ文字のほか，Ñ ñ という文字が使われます。

01

A a [á]
B b [bé]
C c [θé / sé]
D d [dé]
E e [é]
F f [éfe]
G g [xé]
H h [átʃe]
I i [í]
J j [xóta]
K k [ká]
L l [éle]
M m [éme]
N n [éne]
Ñ ñ [éɲe]
O o [ó]
P p [pé]
Q q [kú]
R r [éɾe]
S s [ése]
T t [té]
U u [ú]
V v [úβe]
W w [úβe ðóβle]
X x [ékis]
Y y [ʝé]
Z z [θéta / séta]

▶ Y y は以前は [í ɣɾjéɣa] と読まれ，今でもこうした読み方が聞かれる場合もある。

（発音とつづりの読み方） 多くの場合，ローマ字読みです。
大きく異なる音については，以下で説明します。

02

（母音） スペイン語の母音は，a, e, i, o, u の 5 つです。このうち，u 以外はだいたい日本語と同じように発音すればよいのですが，a は口を大きく開けるように，i は口を横に引くようにしてはっきり発音するとさらによくなります。u は唇を丸めてとがらせるようにして発音します。

（二重母音） スペイン語の 5 つの母音は，a, e, o の強母音，i, u の弱母音の 2 つのグループに分けられます。そして，「強弱」「弱強」「弱弱」の組み合わせを「二重母音」と呼びます。「強強」の組み合わせ（ea など）は二重母音にはなりません。

（例） 強弱　ai, au, ei, eu, oi
　　　弱強　ia, ua, ie, ue, io, uo
　　　弱弱　iu, ui

二重母音は母音 1 つ分として扱われます。

（三重母音） uai, uei, iai, iei は三重母音と呼ばれ，これも母音 1 つ分として扱われます。

（アクセント） スペイン語のアクセントの規則は以下の規則に従います。

02

① 母音および n, s で終わる語は後ろから 2 つめの母音にアクセントがあります。
（例） casa　escuela　horario　joven　lunes

② n, s 以外の子音で終わる語は一番後ろの母音にアクセントがあります。
（例） papel　profesor　actriz

③ ①，②以外の場所にアクセントのある語は，アクセントのある位置にアクセント記号をつけます。
（例） café　estación　lámpara　médico

子音

b / v スペイン語では，b と v は同じ音になります。

02

[b] **banco beca bicicleta boca buzón**
vaca vega vino voz vulgar

c [k] a, o, u や子音の前で **cara coma cuna acto**
[θ / s] e, i の前で **cena cima**
[tʃ] ch の組み合わせで **China noche**

d [d] **dama décimo día dónde ducha**
語末ではほとんど聞こえないくらい弱い音になります。**ciudad universidad**

f [f] **fama feria fino foto fuga**

g [g] a, o, u や子音の前で **gato goma gusto signo**
gue, gui のつづりはそれぞれ [ge], [gi] と発音されます。**guerra guitarra**
[x] e, i の前で **gente giro**
[gw] güe, güi のつづりはそれぞれ [gwe], [gwi] と発音されます。
bilingüe lingüística

h 無音で，書いてあっても発音されません。**hada helado hilo hombre humo**

j [x] **Japón jefe joven jirafa junto**

k 外来語に使われる文字です。
[k] **karaoke kilo koala**

l [l] **lago león limón local luna**
[ʝ] / [ʎ] ll の組み合わせで「ヤ」あるいは「ジャ」のような音になります。
llano lleno allí llorar lluvia

m [m] **mano menos minuto mono mucho**

n [n] **nada negro nido nota número**

p [p] **pan pena pista poco puro**

q que [ke] または qui [ki] の組み合わせでしか用いられません。**queso Quito**

r [ɾ] 語中で **pera aire pero nariz Perú**
[r] 語頭で，あるいは語中で rr とつづられるといわゆる「巻き舌」の音になります。
raro rey rico rosa ruta tierra

s [s] **sano seco sitio sol suma**

t [t] **talla té tinto tono tuna**

w 外来語に使われる文字です。
[(g)w] **whisky** [b] **wáter**

x [(k)s] **examen boxeo exótico éxito explicar**
子音の前では多くの場合 [s] と発音されます。
[x] **México mexicano**

y [ʝ] **ya yema yo ayuda**
[i] 単独で，あるいは語末に来た場合 **y muy**

z [θ / s] **zapato zumo zona**

Español en el aula 教室のスペイン語

03
Repite conmigo.
後に続いて言ってください。
pizarra
ホワイトボード
Respóndeme.
答えてください。
Repite.
繰り返してください。
¿Hay preguntas?
質問はありますか？
Escucha.
よく聞いてください。
Español
Abrid la página ....
みなさん，本の…ページを開いてください。
Vamos a leer juntos.
一緒に読みましょう。
Más alto, por favor.
もっと大きな声で言ってください。
Lee en voz alta.
声を出して読んでください。
rotulador
マーカー
Pregunta a tu compañero.
隣の人に尋ねてください。

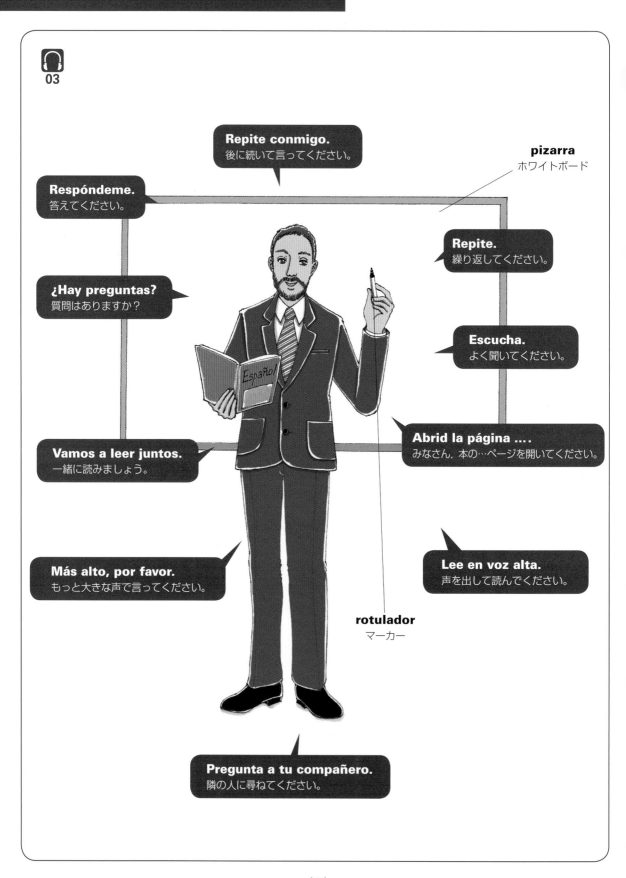

03

¿Qué ha dicho?
何とおっしゃいましたか？
Más despacio, por favor.
ゆっくり言ってください。
Otra vez, por favor.
もう一度言ってください。
cuaderno
ノート
pegamento
のり
tijeras
はさみ
libro de texto
教科書
regla
定規
estuche
ペンケース

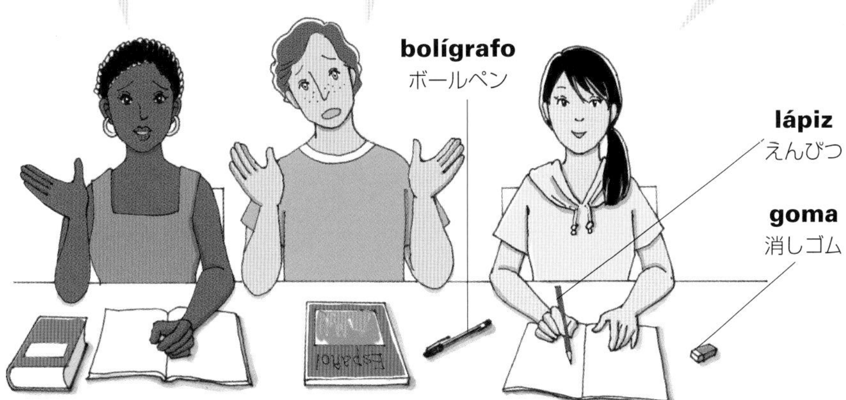
No comprendo.
（言っていることが）わかりません。
No lo sé.
（どう答えていいか）わかりません。
¿Cómo se escribe?
それはどのように書きますか？
bolígrafo
ボールペン
lápiz
えんぴつ
goma
消しゴム

¿Cómo se dice ... en español?
スペイン語で…は何と言いますか？
¿Cómo se dice ... en japonés?
日本語で…は何と言いますか？
silla
いす
mesa
机

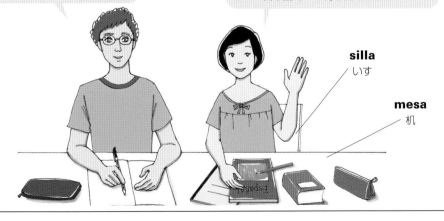

Países hispanohablantes
スペイン語を話す国々

※ Hispanoamérica（イスパノアメリカ）とは、スペイン語を使用するアメリカ大陸の国々を指します。

Lección 1 Saludos あいさつ

Buenos días.

Buenas tardes.

Buenas noches.

Buenas tardes.

Buenas tardes.

Adiós.

Hasta luego.

Hola.

Hola, ¿qué tal?

Adiós.

Buen viaje.

Muchas gracias.

De nada.

Aquí tiene.

Gracias.

Perdón. Lo siento.

No se preocupe.

¿Qué tal?

Muy bien, gracias.

Bien, gracias.

Así, así.

Regular.

Muy mal.

1 Me llamo Sonia. 私はソニアです

05

DIÁLOGO 1

Hola, me llamo Juan. ¿Y tú?

Yo me llamo Sonia.

llamarse の活用(現在)
(yo) me llamo

(→ P.77)

llamarse
(～という) 名前である

yo (㊇*I*) 私は

スペイン語では動詞の活用形を見れば主語がわかるので，主語を入れなくてもよい。

Ejercicio 1 

上の対話にならって，クラスメートと自己紹介をしよう。
Preséntate a tus compañeros de clase, como el DIÁLOGO 1.

2 ¿Es usted el señor González? ゴンサレスさんですか？

06

DIÁLOGO 2

Perdón, ¿es usted el señor González?

Sí, soy el señor González.

Perdón, ¿es usted la señora Gómez?

No, no soy la señora Gómez.
Soy la señora García.

ser(㊇*be*)の活用(現在)

(yo) soy
(usted) es

(→ P.77)

sí(㊇*yes*) はい
no(㊇*no*) いいえ
señor(㊇*Mr.*) ～さん
señora(㊇*Mrs.*) ～さん
(姓の前に付ける敬称)
perdón すみません
usted(㊇*you*) あなたは

el(㊇*the*)
男性名詞単数形の前につける定冠詞

la(㊇*the*)
女性名詞単数形の前につける定冠詞(→ P.12)

Ejercicio 2 

スペイン人の姓と名を使って，自己紹介をしよう。
Preséntate usando los siguientes nombres y apellidos españoles.

Nombre (名)				Apellido (姓)	
Hombre (男性)		Mujer (女性)			
Antonio	Miguel	María	Nuria	Contreras	Ortega
Luis	Juan	Juana	Marisol	Rivera	Silva
Javier	Alejandro	Elena	Eva	Delgado	García
Francisco	Roberto	Isabel	Clara	Torres	Molina
Alberto	Carlos	Mónica	Maite	Pérez	Castillo
Fernando	José	Lucía	Laura	Flores	Camacho

07 **Aplicación 1** これからスペイン語圏の著名人の名が読まれます。書き取ってみよう。
Apunta los nombres de algunos personajes famosos del mundo hispánico.

(1) ____________ (2) ____________ (3) ____________

(4) ____________ (5) ____________ (6) ____________

3 ¿Cómo se escribe? どう書くのですか？

08 **DIÁLOGO 3**

Hola, me llamo Kazuo Yamada.

¿Cómo se escribe?

K-A-Z-U-O Y-A-M-A-D-A.

:ómo se escribe?
どう書くのですか？

Ejercicio 3 自分の名前を名乗り，どうやって書くのか聞き返されたら，書き方を伝えよう。
Di tu nombre y apellido. Cuando te pregunten cómo se escribe, deletréaselos.

4 ¿Qué tal? 元気？

09 **DIÁLOGO 4** インフォーマルな場合　Saludos informales

Hola, buenos días, ¿qué tal?

Hola, buenos días, muy bien.

enos días
はよう／こんにちは
ué tal?
気？

DIÁLOGO 5　フォーマルな場合　Saludos formales

09

Buenas tardes, señor Fernández, ¿cómo está usted?

Buenas tardes, señora Ortega. Muy bien, gracias. ¿Y usted?

¿Cómo está usted?
　お元気ですか？

y（英 *and*）それで

DIÁLOGO 6

10

Adiós, señorita Rivera.

Hasta mañana, señor Rodríguez.

adiós　さようなら
señorita（英 *Miss*）
　～さん
hasta mañana
　また明日

> señor, señora, señorita は呼びかけとして使う場合，冠詞は不要。

Aplicación 2

11

次の対話を聞き，出会った時のあいさつか別れる時のあいさつか判断しよう。また，出会った時のあいさつだと考えた場合，フォーマルかインフォーマルかも判断しよう。
Adivina cuándo se usan los saludos que vas a escuchar, al encontrarse o al despedirse. Y si piensas que se usan al encontrarse, di también si son formales o informales.

(1) ____________　(2) ____________　(3) ____________

> ser の活用（現在）
> 　(tú)　eres
>
> (→ P.77)

5 ¿De dónde eres?　ご出身は？

DIÁLOGO 7

12

Noriko, ¿eres de Japón?

Sí, soy de Kyushu. Y tú, ¿de dónde eres?

Soy de España, de Madrid. ¿Y tú, Luis?

Yo también de Madrid.

de　～から
ser de + 地名
　　～の出身である
tú（英 *you*）君は
dónde　どこ
también　～もまた

> tú と usted
> 相手を指す代名詞は親しさによって使い分ける。tú は親しい相手（家族や友人など），usted は距離をおいて話す相手に対して使う（文法上は 3 人称扱い）。Ud. または Vd. と略して書くこともある。

Ejercicio 4

クラスメートと自分の出身地を話そう。出身地が同じだったら también を使おう。
Habla con tus compañeros de dónde eres. Si sois de la misma región, usa la palabra “también”.

6 ¿Dónde vives? お住まいは？

13

¿Dónde vives?

Vivo en Osaka. ¿Y tú?

Yo vivo en Sevilla.

vivir の活用(現在)
(yo) vivo
(tú) vives
(→ P.77)
vivir 住む
en ～に

クラスメートに住んでいる所を尋ねよう。
Pregunta a tus compañeros dónde viven.

14

Aplicación 3 対話を聞いて，次の表の空いている場所をうめよう。
Rellena las casillas de las tablas, escuchando los diálogos del CD.

(1)

名前 nombre	出身地 ¿De dónde es?	住んでいる場所 ¿Dónde vive?
Miguel		
	Barcelona	

(2)

名前 nombre	出身地 ¿De dónde es?	住んでいる場所 ¿Dónde vive?
Señor Pérez		
Señorita Montes	Toledo	

Aranjuez

Gramática 1

1. 文とは

スペイン語の文は, 主部と述部からできています。主部の中心は名詞もしくはそれに相当する語, 述部の中心は動詞です。

2. 文の種類

2.1 平叙文・肯定文

事実を述べる文。文の終わりに終止符（.）をつけます。

Nosotros somos japoneses.

2.2 否定文

no などの否定語を用いて, 主語と動詞の結びつきを否定した文を否定文といいます。

Ellos **no** son españoles.

2.3 疑問文

相手にものを尋ねたり, 疑問を表したりする文。文のはじめと終わりに疑問符（¿ ?）をつけます。

a. 一般疑問文：上昇調で発音し, Sí であるいは No で答えます。

¿Eres de aquí? — **Sí**, soy de aquí.
¿Eres de Madrid? — **No**, no soy de Madrid.

b. 特殊疑問文（疑問詞疑問文）：疑問詞で始まる疑問文で, 主語は動詞の後に置きます。文尾は一般に下げて発音し, 答えに Sí や No はいりません。

¿**Dónde** están tus padres? — Están en España.
¿**Cómo** estás? — Estoy muy bien.

Vocabulario

1) ～6) と a) ～ f) で関係する語を結びつけて, ペアを作ろう。

1) golf　2) natación　3) tenis　4) ciclismo　5) fútbol　6) judo

a) estadio　b) campo　c) cancha　d) carretera　e) piscina　f) tatami

MAPA DEL MUNDO　世界地図

De color rojo los países donde se habla español.　赤で示された部分がスペイン語圏です

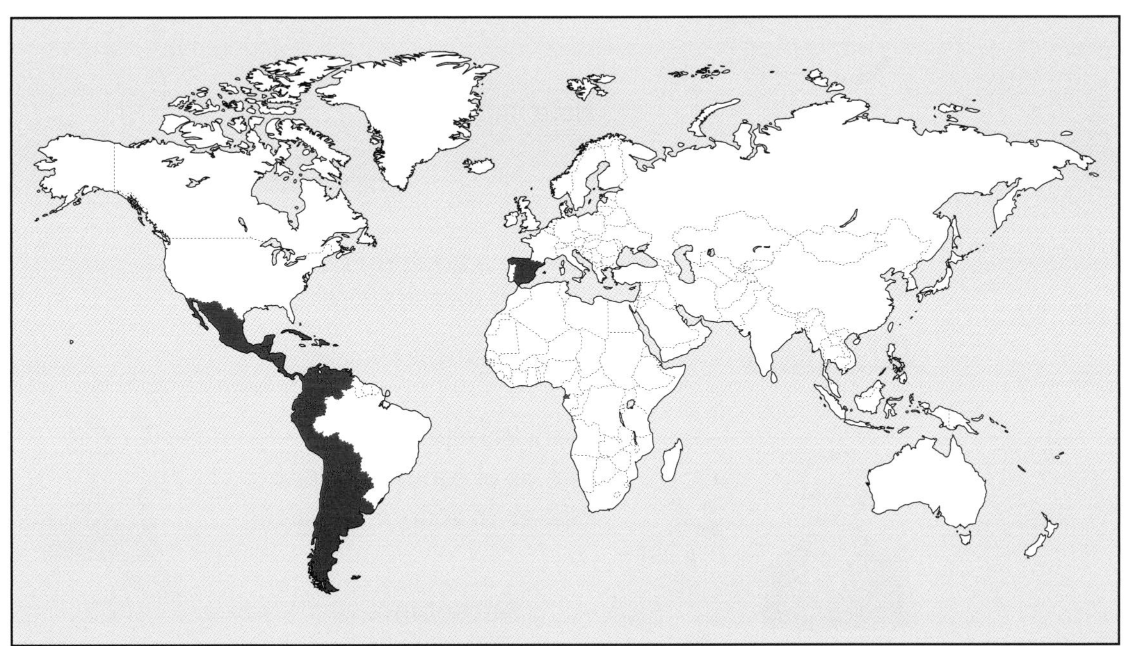

国名	人口	国名	人口
México	126.010.000	España	47.080.000
Colombia	51.270.000	Argentina	45.380.000
Perú	32.970.000	Venezuela	27.950.000
Chile	19.210.000	Guatemala	16.600.000
Ecuador	17.760.000	Cuba	11.480.000
República Dominicana	10.730.000	Bolivia	11.510.000
Honduras	9.750.000	Paraguay	7.130.000
El Salvador	6.490.000	Nicaragua	6.620.000
Costa Rica	5.090.000	Puerto Rico	3.263.000
Uruguay	3.470.000	Panamá	4.220.000
Guinea Ecuatorial	1.430.000	Total	465.413.000

※プエルトリコを除き，日本の外務省サイト（https://www.mofa.go.jp/mofaj/area/）からのデータ。プエルトリコについては，https://www.census.gov/quickfacts/PR（アメリカ合衆国国勢調査局）のデータによる（いずれも 2022 年 9 月現在）

1 Este es Juan. こちらはフアンです

15 DIÁLOGO 1 インフォーマルな場合 Saludos informales

mira ほら／見て（親しい相手に対して）
este （男性を指して）こちらは
esta （女性を指して）こちらは
（→ P.32）
encantado よろしく（男性が言う場合）
encantada よろしく（女性が言う場合）

Mira, María, este es Juan.
Juan, esta es María.

Hola, encantado.

Encantada.

Ejercicio 1 クラスメートに友人を紹介しよう。
Presenta a tus amigos a otros.

DIÁLOGO 2 フォーマルな場合 Saludos formales

ser の活用（現在）

(él) (ella)	es

（→ P.77）
él（英 *he*）彼は
ella（英 *she*）彼女は

Señor García,
este es el señor Martínez.
Esta es la señora Gómez.

Encantado.

Encantada.

Ejercicio 2 フォーマルな紹介の仕方を練習しよう。
Practica estos saludos formales.

16 **Aplicación 1** 対話を聞いて，イラストのうちどちらに合致するか考えよう。また，人物の名前を書き入れよう。
Escucha los diálogos y elige el dibujo correspondiente. Escribe el nombre de cada personaje.

(1)

(2)

2 ¿Cómo se llama esa chica? その女の子の名前は？

DIÁLOGO 3 17

Oye, Manuel, ¿cómo se llama esa chica?

Se llama Juana. Es de Chile.

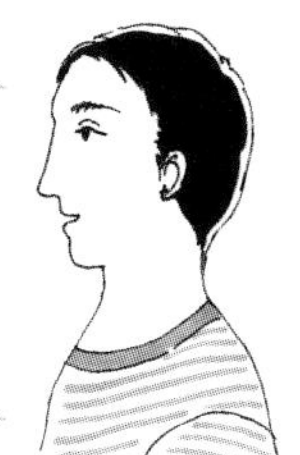

Y ¿cómo se llama aquella chica?

Se llama Eva. Es de Perú.

'e ねえ（親しい相手に
する呼びかけ）
a その
（女性名詞の前で）
uella あの
（女性名詞の前で）
ica
女の子，若い女性

3 El señor Rodríguez es de España. ロドリゲスさんはスペインの出身です

ESCUCHA 18

Él es el señor Rodríguez.
Es de España y vive en Madrid.

Ella es la señora Gómez.
Es de México pero vive en Francia.

léxico, mexicano
この語に含まれる x
は j と同じ音（[x]，
ハ行の強い音）で読
まれる。

Ejercicio 3  上の例にならって，次の４名を紹介しよう。
Como en el ejemplo, presenta a las cuatro personas siguientes.

Nombre: Francisco Calderón Nacionalidad: Perú Residencia: Bogotá, Colombia	Nombre: Wei Lee Nacionalidad: China Residencia: Brisbane, Australia
Nombre: Akiko Ueno Nacionalidad: Japón Residencia: Nagoya, Japón	Nombre: Elena Rodríguez Nacionalidad: España Residencia: Málaga, España

ombre *m.* 名前
acionalidad *f.* 国籍
sidencia 住所，居
地

Aplicación 2 19 紹介文を聞いて，合致するイラストを選ぼう。
Elige uno de estos dibujos que corresponda a cada frase que vas a escuchar.

(a)

(b)

(c)

(d)

4 Números

20

Ejercicio 4 スペイン式の手振りで 0 から 10 まで言おう。
Cuenta del 0 al 10 con el gesto español que ves abajo.

日本と同様の数え方や，小指から親指に向かって指を開いていく場合もある。また，イスパノアメリカでは，「ゼロ」のジェスチュアが異なる意味に解釈される可能性があるので注意が必要。

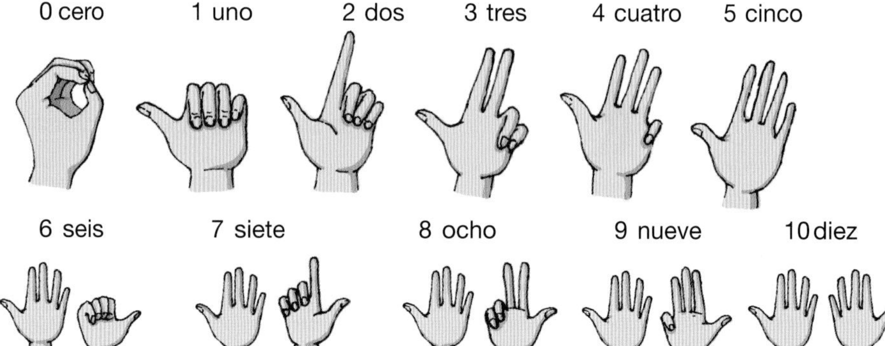

21

Ejercicio 5 CD を聞いて空欄に記入しよう。
Rellena los huecos escuchando el CD.

11	once	21	veintiuno	31	treinta y uno	50	cincuenta
12	doce	22	________	32	treinta y dos	60	________
13	trece	23	veintitrés	33	________	70	________
14	________	24	________	34	treinta y cuatro	80	________
15	________	25	veinticinco	39	treinta y nueve	90	________
16	dieciséis	26	veintiséis	40	cuarenta	100	________
17	diecisiete	27	________	42	________		
18	________	28	________	45	________		
19	________	29	________	46	________		
20	veinte	30	treinta	49	________		

22

Aplicación 3 これから聞こえる会話の中で，聞こえた数字をメモしよう。
Anota los números en los diálogos siguientes.

a) ________________

b) ________________

c) ________________

d) ________________

ál　どれ，何
君の
mero *m.*　番号
あなたの
私の

5 ¿Cuál es tu número de teléfono?　お電話番号は？

23

DIÁLOGO 4

¿Cuál es tu número de teléfono?

¿Cuál es su número de teléfono, señor Álvarez?

Mi número de teléfono es el 090-322-4555.

Ejercicio 6  好きな電話番号を考えて，互いに尋ねよう。
Piensa en un número de teléfono y pregúntaselo a tus compañeros.

Ejercicio 7  質問に答えよう。
Contesta a las preguntas.

a) ¿Cuál es el número de teléfono del aeropuerto?
b) ¿Cuál es el número de teléfono de la policía?
c) ¿Cuál es el número de teléfono de las ambulancias?
d) ¿Cuál es el número de teléfono de los bomberos?
e) ¿Cuál es el número de teléfono de RENFE?
f) ¿Cuál es el número de teléfono de la Cruz Roja?

policía
091

aeropuerto
91-530-0202

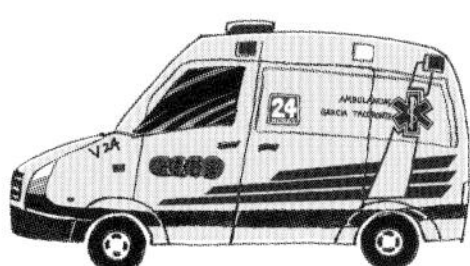
ambulancia
112

RENFE
91-328-9020

Cruz Roja
91-522-2222

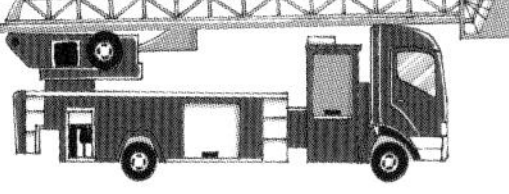
bomberos
080

Ejercicio 8  マス目に１から99の数字を１つずつ入れよう。順番に１つずつ好きな数字をスペイン語で言っていこう。タテ・ヨコ・ナナメいずれか全てそろったら「ビンゴ！」と言おう。
Rellena cada casilla con un número del 1 al 99. Di un número tras otro hasta que alguien consiga una línea horizontal, vertical o diagonal y canta "¡BINGO!".

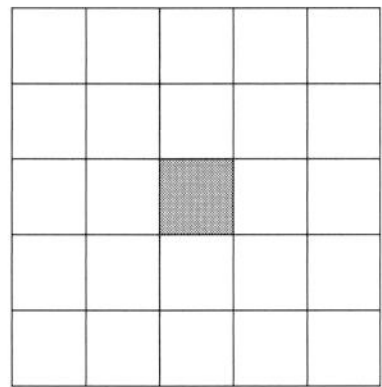

Gramática 2

1. 名詞

1.1 名詞の性

スペイン語の名詞にはすべて文法上の性の区別があり，**男性名詞**か**女性名詞**かのいずれかに分かれます。

男性名詞：padre hombre toro caballo árbol cielo
女性名詞：madre mujer vaca yegua mesa mano

1.2 名詞の数

名詞には**単数形**と**複数形**の２つがあります。

２つ以上のもの（複数）を表す名詞は，語尾に −s か −es をつけます。

a. 強勢のない母音字で終わる語は，語尾に −s をつけて複数形にします。
casa − casa**s** libro − libro**s** madre − madre**s**

b. 子音字または −y で終わる語は，語尾に −es をつけて複数形にします。
reloj − reloj**es** mes − mes**es** ley − ley**es**

名詞の性の見分け方
自然の性を持つもの（señor「男の人」や señora「女の人」など）は，それに従う。
自然の性を持たないものは，一般に男性名詞は -o，女性名詞は -a, -dad, -tad, -ión などで終わる。本書ではこの規則に従う名詞には性の表示をせず，例外や子音，-e で終わる名詞の場合，男性名詞は *m.*，女性名詞は *f.* と表示する。なお，*pl.* と表示されているものは複数形であることを示す。

2. 冠詞

冠詞には，**定冠詞**（「その」，「例の」など特定のものであることを示す）と**不定冠詞**（「1 つの」，「ある」など不特定のものであることを示す）があります。

	定冠詞		不定冠詞	
	単数	複数	単数	複数
男性	el	los	un	unos
女性	la	las	una	unas

冠詞は，後続の名詞の**性と数に一致**します。

el libro / los libros la revista / las revistas
un coche / unos coches una revista / unas revistas

Vocabulario

1) ～6) と a) ～ g) で対になる語を結びつけよう。

1) caro 2) corto 3) claro 4) ancho 5) limpio 6) moderno 7) pequeño

a) largo b) barato c) antiguo d) grande e) sucio f) estrecho g) oscuro

Lección 3 Especialidades y lenguas 専攻と言語

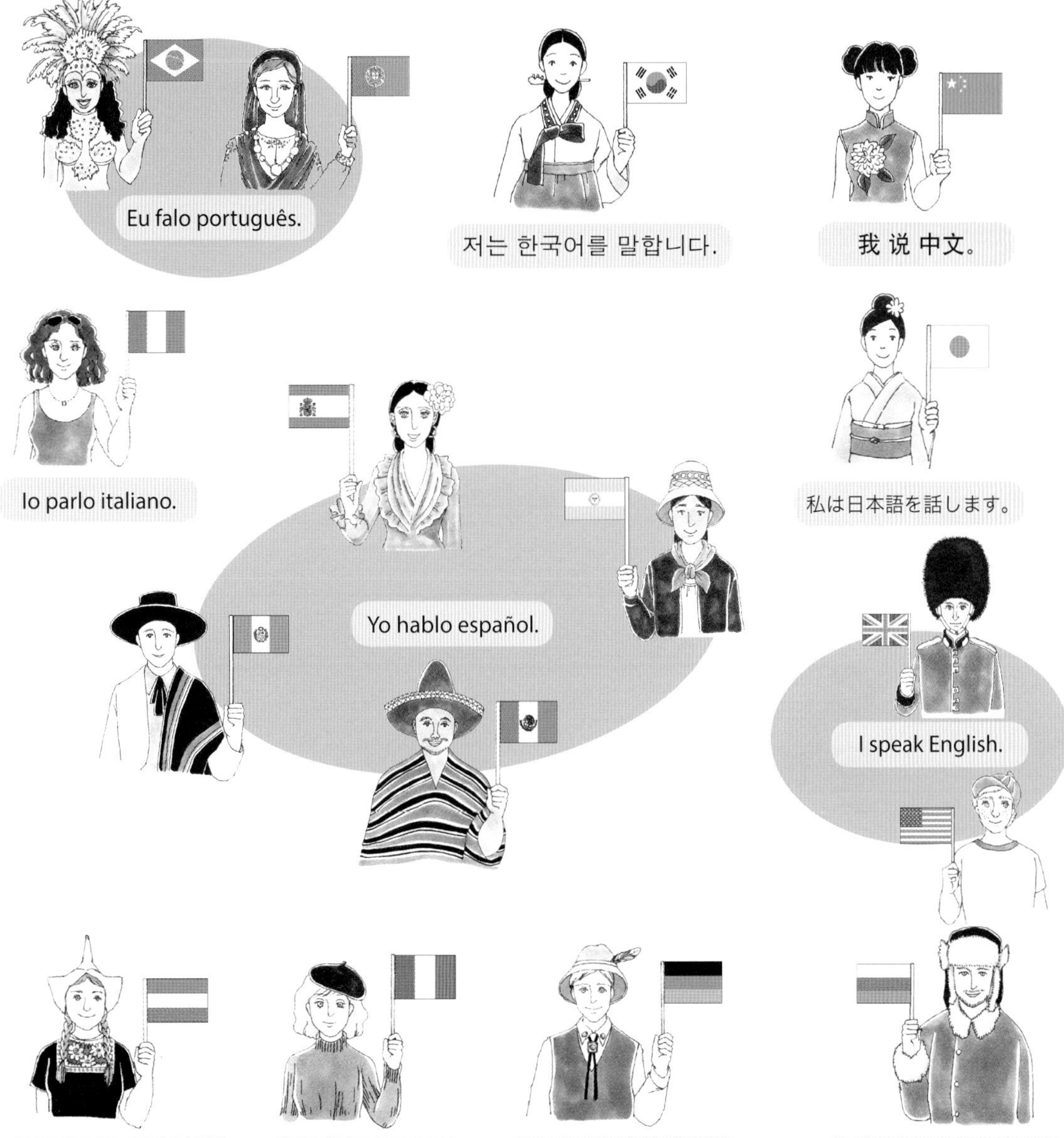

Ik spreek Nederlands.

Je parle français.

Ich spreche Deutsch.

Я говорю по-русский.

国名	国籍(男性・女性)	言語	国名	国籍(男性・女性)	言語
España	español/española	español	Rusia	ruso/rusa	ruso
Perú	peruano/peruana	español	Alemania	alemán/alemana	alemán
México	mexicano/mexicana	español	Italia	italiano/italiana	italiano
Argentina	argentino/argentina	español	Corea	coreano/coreana	coreano
Francia	francés/francesa	francés	China	chino/china	chino
Estados Unidos	estadounidense	inglés	Portugal	portugués/portuguesa	portugués
Inglaterra	inglés/inglesa	inglés	Brasil	brasileño/brasileña	portugués
Holanda	holandés/holandesa	holandés	Japón	japonés/japonesa	japonés

1 ¿Qué estudiáis? 何を専攻していますか？

24

¿Qué estudiáis?

Estudiamos Psicología.

Ejercicio 1  専攻科目を変えて，クラスメートと対話をしよう。
Dialoga con tus compañeros cambiando la especialización del DIÁLOGO 1.

Informática	Derecho	Pedagogía	Medicina
Economía	Literatura	Arte	Política
Relaciones Internacionales	Filosofía	Enfermería	Periodismo
Antropología	Comercio	Ingeniería	Física
Química	Sociología	Música	Biología

2 ¿Tú también comprendes español? あなたもスペイン語がわかりますか？

DIÁLOGO 2
25

¿Comprendes español?

Sí, comprendo español.

¿Tú también comprendes español?

Sí, comprendo español e inglés.

Ejercicio 2  13ページの語彙を使い，対話練習をしよう。
Practica como el DIÁLOGO 2, utilizando las palabras de la página 13.

---

estudiar の活用（現在）
(nosotros / nosotras) estudiamos
(vosotros / vosotras) estudiáis

（→ P.77）

estudiar 勉強する
nosotros 私たちは
nosotras 私たちは（女性のみ）
vosotros 君たちは
vosotras 君たちは（女性のみ）

Informática 情報科学
Derecho 法学
Pedagogía 教育学
Medicina 医学
Economía 経済学
Literatura 文学
Arte 美術
Política 政治学
Relaciones Internacionales 国際関係学
Filosofía 哲学
Enfermería 看護学
Periodismo ジャーナリズム
Antropología 人類学
Comercio 商学
Ingeniería 工学
Física 物理学
Química 化学
Sociología 社会学
Música 音楽
Biología 生物学

大学の専攻科目は，冒頭を大文字で書くのが一般的。

comprender の活用（現在）
(yo) comprendo
(tú) comprendes

y は，i- または hi-（除く hie-）で始まる語の前では e となる。o も，o-，ho- で始まる語の前では u となる。

hacer の活用(現在)
(tú) haces

(→ P.77)

cer する
quitectura 建築学
emán *m.* ドイツ語
oonés *m.* 日本語
rmacia 薬学

estudiar の活用(現在)
(yo) estudio

(→ P.77)

aprender の活用(現在)
(yo) aprendo

(→ P.77)

pecialización 専攻
oma *m.* 言語

ncés *m.* フランス語
glés *m.* 英語

liano イタリア語

3 ¿Qué haces aquí? ここで何をしていますか？

DIÁLOGO 3 26

¿Qué haces aquí, Manuel?

Yo estudio Arquitectura y alemán.
Y vosotros, ¿qué estudiáis?

Antonio y yo estudiamos Economía.
También aprendemos japonés.

Yo también aprendo japonés.
Además estudio Farmacia.

¡Ah, sí! ¡Qué interesante!

Ejercicio 3 専攻科目と言語を変えて対話しよう。
Practica con el DIÁLOGO 3 cambiando la especialización y la lengua que estudias.

Aplicación 1 27 対話を聞いて，次の各選択肢のうち，正しい方を選ぼう。
Escuchamos un diálogo. Elige una respuesta correspondiente al contenido.

A) [a) Jorge b) Ronaldo] es brasileño.
B) Elena estudia [a) Arquitectura b) Informática].
C) Elena estudia [a) francés b) inglés].
D) Ronaldo estudia [a) francés b) inglés].
E) Ronaldo estudia [a) Arquitectura b) Informática].

Aplicación 2 28 対話を聞いて，次の各文が正しければ V，間違っていれば F にチェックマーク（✓）を書き入れよう。
Escuchamos 5 diálogos. Marca la casilla correspondiente, V (Verdadero) o F (Falso).

		V	F
diálogo 1	司会以外に出てきている人は Álvarez さんと Bianco さんである。 Hablan el señor Álvarez y la señorita Bianco, aparte del locutor.	☐	☐
diálogo 2	Álvarez さんはバルセロナ大学で学んでいる。 El señor Álvarez estudia en la Universidad de Barcelona.	☐	☐
diálogo 3	① Álvarez さんはスペイン文学を学んでいる。 El señor Álvarez estudia Literatura Española.	☐	☐
	② Álvarez さんはイタリア語が話せない。 El señor Álvarez no sabe hablar italiano.	☐	☐
diálogo 4	Bianco さんはイタリアの出身である。 La señorita Bianco es de Italia.	☐	☐
diálogo 5	① Bianco さんはスペイン文学を学んでいる。 La señorita Bianco estudia Literatura Española.	☐	☐
	② Bianco さんは学生ではない。 La señorita Bianco no es estudiante.	☐	☐

4 ¿Hoy tienes clase? 今日は授業がありますか？

tener 持つ

tenerの活用(現在)
(yo) *tengo*
(tú) tienes

(→ P.78)

不規則動詞
tener は 1 人称単数が特別な形。2 人称，3 人称単数および 3 人称複数で語幹の e が ie となる。

naturalmente もちろん
Matemáticas 数学

29

DIÁLOGO 4

¿Hoy tienes clase?

Sí, naturalmente.
Yo tengo cuatro clases: Informática, inglés, Economía y Sociología.
¿Y tú?

Yo tengo solamente dos: francés y Matemáticas.

Ejercicio 4 今日（hoy）・明日（mañana）にどんな授業があるか，クラスメートと対話してみよう。
Habla con tus compañeros de las clases que vas a tener hoy y mañana.

30
Aplicación 3 対話を聞いて，次の表の該当する箇所にチェックマーク（✓）を書き入れよう。
Marca en las casillas correspondientes, después de escuchar los diálogos del CD.

diálogo	社会学 Sociología	心理学 Psicología	情報科学 Informática	生物 Biología	化学 Química	哲学 Filosofía
(1)						
(2)						
(3)						
(4)						

5 ¿Hablas español? スペイン語を話しますか？

español *m.* スペイン語
portugués *m.* ポルトガル語
chino 中国語

言語名は男性名詞。

31

DIÁLOGO 5

¿Hablas español?

Sí, hablo español. ¿Y tú?

No, yo no hablo nada de español.

nada まったく～ない
un poco 少し

Ejercicio 5 上の例にならって，対話しよう。
Practica como el DIÁLOGO 5.

自分の話す言語について，架空のデータを使って次のシートの該当する欄にチェックマーク（✓）を書き入れよう。それを使って，クラスメートとお互い話すことのできる言語のデータを尋ねあってみよう。

En la siguiente tabla, marca en las casillas correspondientes tus datos (imaginarios) en cuanto a los idiomas que hablas. Habla con tus compañeros utilizando la información.

[yo]

	日本語 japonés	英語 inglés	スペイン語 español	フランス語 francés	イタリア語 italiano	ポルトガル語 portugués	ドイツ語 alemán	中国語 chino
bien								
un poco								
nada								

[amigo/amiga A]

	日本語 japonés	英語 inglés	スペイン語 español	フランス語 francés	イタリア語 italiano	ポルトガル語 portugués	ドイツ語 alemán	中国語 chino
bien								
un poco								
nada								

[amigo/amiga B]

	日本語 japonés	英語 inglés	スペイン語 español	フランス語 francés	イタリア語 italiano	ポルトガル語 portugués	ドイツ語 alemán	中国語 chino
bien								
un poco								
nada								

6 Estudiante japonés en España スペインの日本人留学生

32 **ESCUCHA**

Takeo es japonés de Kioto. Vive en Madrid desde el 2016 y estudia cocina española en la Escuela Oficial de Hostelería. Lee libros de Gastronomía y escribe muchas recetas. Es un cocinero excelente y cocina la paella muy bien.

Ejercicio 6 

上の文を読み，内容について疑問文を作ろう。

Lee el párrafo y forma preguntas sobre su contenido.

16 は dos mil
eciséis と読む。

cina 料理(→ P.44)

r 読む

leerの活用(現在)
él) lee

cribir 書く

escribirの活用(現在)
él) escribe

ceta *f.* レシピ
cinero/a 料理人
cinar 料理する
ella *f.* パエリャ

Gramática 3

1. 動詞

辞書に記載されている動詞（hablar, comer, vivir）は不定詞と呼ばれる変化していない形で，語尾から -ar, -er, -ir の３つの型に分かれます。動詞は，主語の人称と数によって活用します。

2. 直説法現在（規則活用）

	hablar（話す）		comer（食べる）		vivir（住む）	
	単数	複数	単数	複数	単数	複数
1 人称	hablo	habla**mos**	como	come**mos**	vivo	vivi**mos**
2 人称	habla**s**	habl**áis**	come**s**	com**éis**	vive**s**	viv**ís**
3 人称	habla	habla**n**	come	come**n**	vive	vive**n**

3. 動詞 ser

3. 1 活用

	単数	複数
1 人称	soy	somos
2 人称	eres	sois
3 人称	es	son

3. 2 用法

a. ser + 形容詞： 性質など
El jamón ibérico **es** muy rico.

b. ser + 名詞： 身分・職業など
Mi marido **es** ingeniero.

4. 動詞 estar

4. 1 活用

	単数	複数
1 人称	estoy	estamos
2 人称	estás	estáis
3 人称	está	están

4. 2 用法

a. estar + 形容詞・副詞： 状態
Mis padres **están** muy bien.

b. estar + 場所： 人や物の所在
El coche **está** en el garaje.

Vocabulario

1）～ 8）の職業の名詞と a) ～ g) の職場の名詞を結びつけよう。

1) actor
2) mecánico
3) camarero
4) profesor
5) azafata
6) policía
7) secretaria
8) médico

a) hospital
b) comisaría
c) oficina
d) teatro
e) avión
f) colegio
g) restaurante o bar
h) taller

Lección 4 En la calle 街で

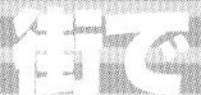

estación de trenes
estación de autobuses
TAXI
aparcamiento
parada de taxis
estación de metro
supermercado
Super Sol
calle *f.*
museo
cafetería
parque *m.*
cine *m.*
CINEMA
parada de autobuses
quiosco
librería
restaurante *m.*
Restaurante
oficina de Correos
banco
Banco
BAR
Panadería
bar *m.*
panadería
farmacia
hospital *m.*

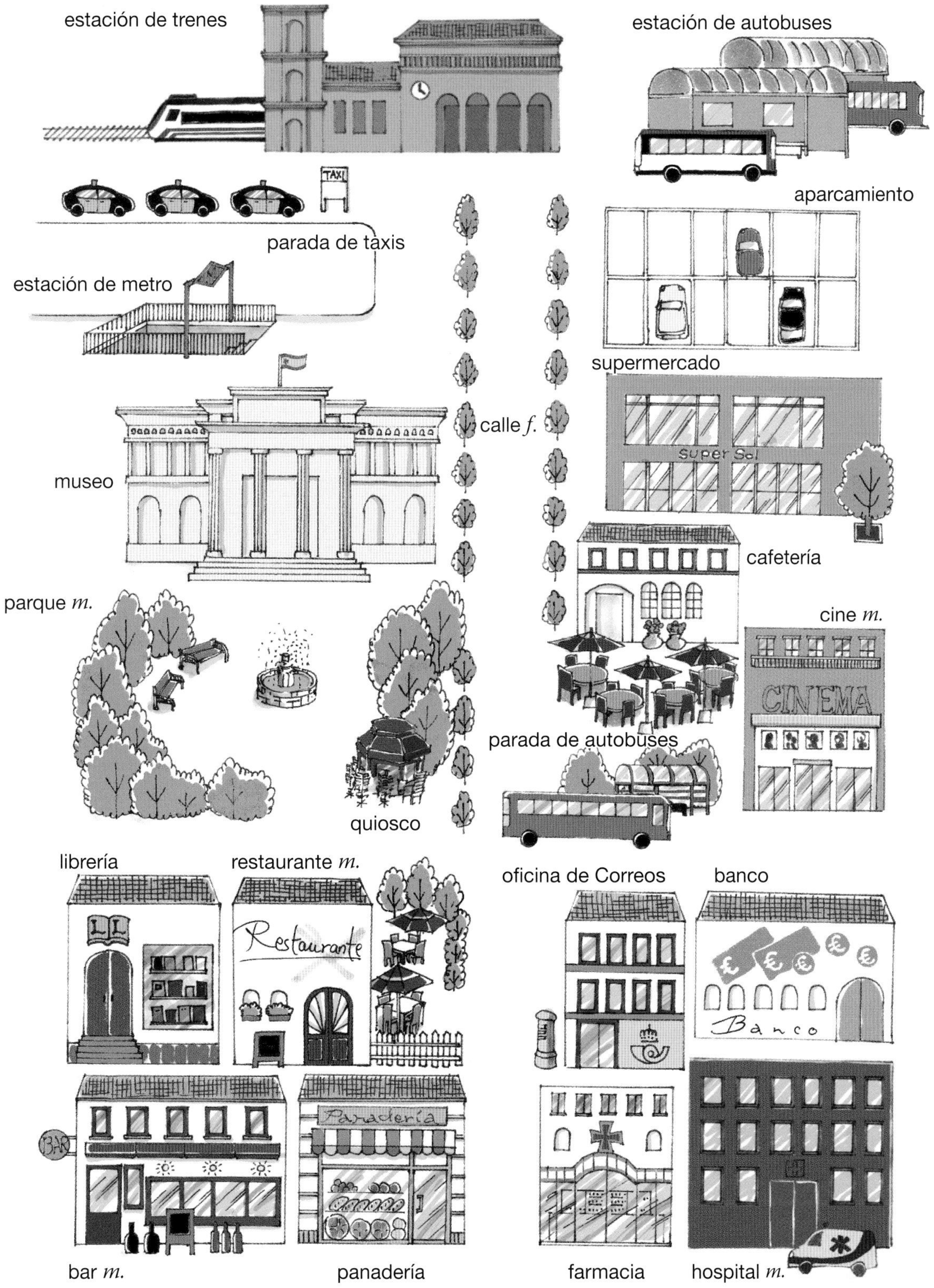

1 ¿Qué es esto? これは何ですか？

33

DIÁLOGO 1

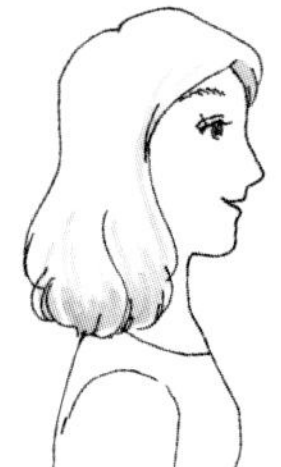

¿Qué es esto?

Es una iglesia.

¿Qué es eso?

Es un museo.

¿Qué es aquello?

Es un banco.

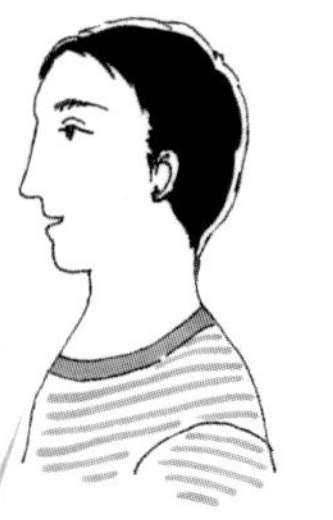

esto
　これ（中性の代名詞）
eso
　それ（中性の代名詞）
aquello
　あれ（中性の代名詞）

中性の代名詞
何なのかわからないものや，前に出てきたことがら全体を指したりするなど，性別が決められない／わからない場合に用いる。

iglesia　教会
museo　美術館，博物館
banco　銀行

Ejercicio 1 次の語彙を使って，クラスメートと対話をしよう。
Practica con tus compañeros utilizando las palabras siguientes.

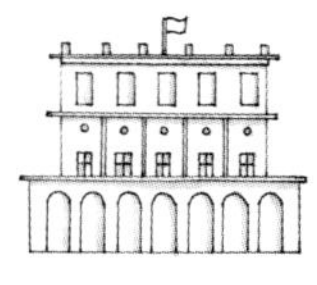
teatro

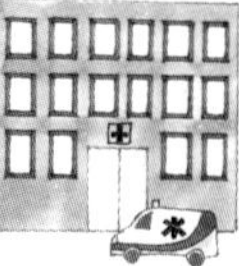
hospital

parque

iglesia

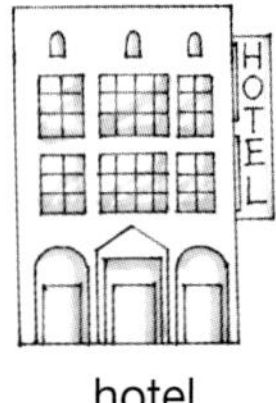

hotel

quiosco

discoteca

librería

farmacia

biblioteca

2 ¿Hay un restaurante en esta calle? この通りにレストランはありますか？

34

DIÁLOGO 2

Perdón, ¿hay un restaurante en esta calle?

Sí, hay un restaurante cerca de aquí.

No, no hay ningún restaurante por aquí.

restaurante *m.*
　レストラン
hay　～がある
ningún
　（＋男性名詞単数形）
ninguna
　（＋女性名詞単数形）
（→ P.59）
何も～ない

Ejercicio 2 次の語彙を使って，DIÁLOGO 2 の対話をしよう。
Practica como el DIÁLOGO 2 utilizando las palabras siguientes.

una discoteca

un hospital

un parque

una iglesia

una escuela de idiomas

un cine

un estanco

un bar

3 ¿Dónde está tu hermano? 君の兄弟はどこにいますか？

:ar いる，ある

estar の活用（現在）
(él)
(ella) está
（→ P.18, 78）

DIÁLOGO 3
35

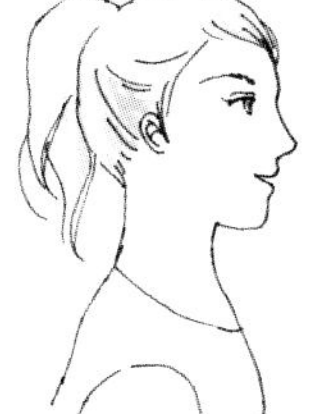

Hola, Juan, ¿dónde está tu hermano?

Está en el cine.

ay と estar
特定のもの・人の
在を表すには hay,
定のもの・人の所
を表すには estar
使う。

Ejercicio 3 次の語彙を使って，DIÁLOGO 3 の対話をしよう。
Practica como el DIÁLOGO 3 utilizando las palabras siguientes.

tu padre / parque

tu madre / supermercado

tu abuelo / montaña

tu abuela / grandes almacenes

Manuel / centro

mi profesor / universidad

4 ¿A dónde vas? どこに行きますか？

ir a ...　…に行く

ir の活用（現在）
(yo) voy
(tú) vas
不規則動詞（→ P.68）

（→ P.78）

a dónde
どこに，どこへ

DIÁLOGO 4

Hola, ¿a dónde vas?

Voy a la biblioteca.

Ejercicio 4 

次の語彙を使って，対話をしよう。
Practica como el DIÁLOGO 4 utilizando las palabras siguientes.

前置詞 a の後に男性単数定冠詞 el が続くと al という形になる。
例 a＋el restaurante
→ **al** restaurante
レストランに

librería

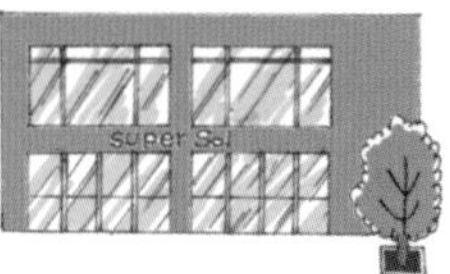

supermercado

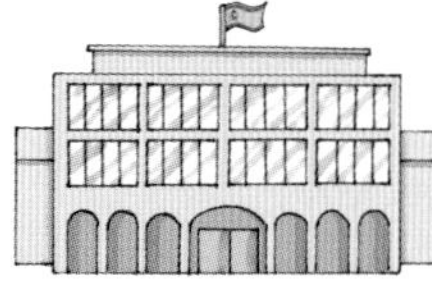
escuela

estación

restaurante

gimnasio

papelería

panadería

5 ¿Cómo vas a la oficina? 会社への交通手段は？

37

DIÁLOGO 5

¿Cómo vas a la oficina?

Voy a pie.

¿Cuánto tiempo tardas de tu casa a la oficina?

Tardo treinta minutos.

ie 徒歩で
ánto tiempo どのくらいの時間
dar 時間がかかる

Ejercicio 5 

会社へどうやって行くか，次の交通機関名を使って対話しよう。
Habla con tus compañeros cómo vas a la compañía utilizando las palabras siguientes.

tro 地下鉄
icleta 自転車
n *m.* 列車
che *m.* 車
to *f.* バイク
tobús *m.* バス

en metro

en bicicleta

en tren

en coche

en moto

en autobús

Ejercicio 6

会社までの所要時間を尋ねよう。
Pregunta a tus compañeros cuánto tiempo tardan de casa al lugar del trabajo.

15 分	un cuarto de hora	1 時間	una hora
30 分	media hora	2 時間半	dos horas y media
45 分	cuarenta y cinco minutos	3 時間半	tres horas y media

Gramática 4

1. 指示詞

		この / これ	その / それ	あの / あれ
男性	単数	este	ese	aquel
	複数	estos	esos	aquellos
女性	単数	esta	esa	aquella
	複数	estas	esas	aquellas

指示詞は後に続く名詞がある場合，指示形容詞として働き，後ろの名詞と性数一致します：

Compro **estos** libros para mi madre.

後ろに名詞が直接続かない場合，「これ」「それ」「あれ」のように指示代名詞として働き，指し示している名詞と性数一致します： **Estos** son mis compañeros de clase.

前に出てきたことがらや性別の決められない / わからないものを漠然と指して,「これ」「それ」「あれ」と言う場合には，中性の指示代名詞（esto，eso，aquello）を用います：

Esto es un cuaderno.

Eso es muy importante.

2. hay（〜がある）

不特定のものが「〜にある（いる）」という場合は，〈hay ＋不定冠詞＋名詞＋場所を表す語句〉という形を使います。ふつう，場所を表す語句が後に来ます。

Hay un libro en la mesa.

Hay unos gatos en el jardín.

3. 並列の接続詞 y（そして）, pero（しかし）, o（あるいは）

Cuatro **y** seis son diez.

Habla bien, **pero** con acento andaluz.

¿Me dejas un lápiz **o** un bolígrafo?

Vocabulario

1）〜 7）の名詞と a) 〜 g) の形容詞を適切に組み合わせよう。

1) playas	a) bonita
2) música	b) desiertas
3) restaurante	c) alta
4) montaña	d) caro
5) comida	e) clásica
6) canción	f) rica
7) persona	g) inteligente

Lección 5 La comida

CARNE

- ternera
- cerdo
- cordero
- jamón *m.* serrano
- pollo

PESCADOS Y MARISCOS

- bacalao
- sardinas *f.pl.*
- angulas *f.pl.*
- atún *m.*
- gambas *f.pl.*
- calamar *m.*
- pulpo
- mejillón *m.*
- almeja *f.*

VERDURAS

- col *f.*
- patata
- lechuga
- espárragos *m.pl.*
- tomate *m.*
- pimiento
- cebolla
- ajo
- champiñones *m.pl.*
- guindillas *f.pl.*

FRUTAS

- melocotón *m.*
- fresas *f.pl.*
- manzana
- uvas *f.pl.*
- limón *m.*
- naranja
- plátano
- melón *m.*
- sandía
- cerezas *f.pl*

- vino
- cava
- jerez *m.*
- cerveza
- churro *m.*
- arroz *m.*
- pastel *m.*
- café cortado
- chocolate *m.*
- vinagre *m.*
- aceite *m.*
- sangría
- agua mineral
- café con leche
- helado
- azúcar *m.*
- pimienta
- sal *f.*
- flan *m.*
- umo de manzana
- zumo de naranja
- café *m.* solo
- gazpacho
- queso
- ensalada
- aceitunas *f.pl.*
- bocadillo
- tostada
- sopa de ajo
- paella
- croissant *m.*
- pan *m.*
- tortilla española

me gusta / me gustan
私は～が好きだ
te gusta / te gustan
君は～が好きだ

好きな物が単数の時は gusta，複数の時は gustan という形を使う。

1 ¿Qué comida te gusta? 好きな食べ物は？

DIÁLOGO 1
38

¿Qué comida te gusta?

Me gusta la paella.

2 ¿Qué comida no te gusta? 嫌いな食べ物は？

DIÁLOGO 2
39

¿Qué comida no te gusta?

No me gustan los caracoles.

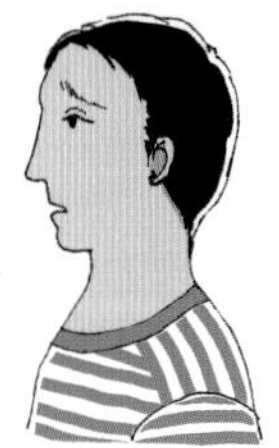

Ejercicio 1 

25 ページの語彙を使って，嫌いな食べ物・飲み物を尋ねよう。
Pregunta a tus compañeros qué comidas/bebidas les gustan o no les gustan, utilizando el vocabulario de la página 25.

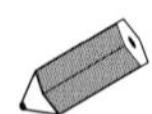 **Aplicación 1**

①25 ページの語彙のうち，いくつか選ぼう。
Elige algunas palabras de la página 25.

②配られたカードを 2 つに折り，上に選んだものの絵を，下にそれを表すスペイン語を書こう。できたら上と下を切り離そう。
Dobla las tarjetas que se van a repartir. En la parte superior de cada tarjeta, dibuja lo que has elegido. Y abajo, escribe la palabra correspondiente en español. Sepáralas.

③3～4人のグループになり，②で記入したカードをすべて裏返して机の上に置こう。
En grupo de tres o cuatro, coloca boca abajo en la mesa todas las tarjetas que has hecho en el ②.

④順番にカードを表にしてみよう。
Da la vuelta a una de las tarjetas.

a) 絵のカードが出たら，それに該当するスペイン語を言い，もう 1 枚表に返してみよう。
Si te toca una tarjeta con dibujo, di cómo se dice en español, y saca otra.

b) スペイン語のカードが出たら，その意味を日本語で言い，もう 1 枚表に返してみよう。
Si te toca una tarjeta con una palabra, di cómo se dice en japonés, y saca otra.

⑤表にしたカードの絵と単語が一致したら，その食べ物が好きか嫌いか，スペイン語で言ってみよう。言えたらペアが 1 つもらえ，もう 1 回トライできます。一致しなければ次の人の順番になります。
Si coinciden el dibujo y la palabra en las tarjetas, di en español si te gusta la comida o no. Si lo consigues, puedes ganar la pareja de tarjetas y seguir jugando. Si no, pasa el turno al siguiente.

⑥一番多くのペアを獲得した人が勝ちです。
Gana el juego la persona que haya conseguido más parejas.

elón *m.* メロン
nate *m.* トマト

ás より〜

m. 紅茶
sear 望む
erer 欲しい
resco 清涼飲料水
nica トニック

uerer の活用(現在形)
(yo) qu*ie*ro
(→ P.78)

規則動詞
uerer は 1 〜 3 人
単数および 3 人称
数で，語幹の e が
となる

primero 一皿目
segundo 二皿目
ra beber 飲み物は
postre デザートは
n *m.* プリン

querer の活用(現在形)
usted) qu*ie*re
(→ P.78)
fé *m.* コーヒー
afé) cortado
しミルクの入った)
ーヒー
enta 勘定
ora mismo 今すぐ

3 ¿Qué te gusta más? どちらが好き？

40

DIÁLOGO 3

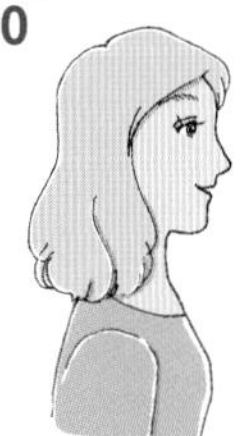

¿Qué te gusta más, el melón o el tomate?

Me gusta más el melón.

Ejercicio 2 
例にならって対話しよう。
Practica como el diálogo.

melón/sandía

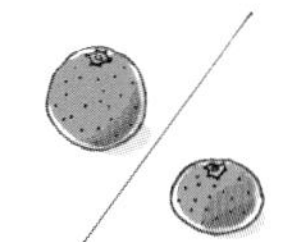
naranja/mandarina

fresa/cereza

manzana/pera

café/té

vino/cerveza

4 En el bar バルで

41

DIÁLOGO 4

¿Qué desea?

Yo quiero un refresco.

Yo quiero una tónica.

Ejercicio 3 
25 ページの語彙を使って，欲しい飲み物を言おう。
Di las bebidas que quieras, con las palabras de la página 25.

5 En el restaurante レストランで

42

DIÁLOGO 5

Buenas tardes, ¿qué desea?

Buenas tardes, de primero una ensalada.
De segundo pollo con patatas fritas.

¿Para beber?

Una cerveza, por favor.

¿De postre?

Flan, por favor.

¿Quiere café?

Sí, un café cortado.

La cuenta.

Ahora mismo.

Ejercicio 4

25ページの語彙を使って，対話をしよう。
Practica como el DIÁLOGO 5, con las palabras de la página 25.

43

Aplicación 2

いくつかの質問を聞き，答えとして適当でないものを選ぼう。
Ahora escuchamos unas preguntas. Elige una respuesta no apropiada.

	a)	b)	c)	d)
(1)	Cerveza, por favor.	Agua sin gas.	Pollo asado.	Pues... vino tinto.
(2)	Una ensalada mixta.	Yo, un flan.	Un poco de jamón.	Sopa castellana.
(3)	Sí, patatas fritas.	Sí, un helado.	No, gracias.	Sí, ¿qué hay?
(4)	Sí, un cortado, por favor.	Bueno...un té.	Sí, un pescado.	No, gracias.

agua mineral　ミネラルウォーター
agua sin gas　ガスなしウォーター
pollo asado　ローストチキン
vino tinto　赤ワイン
ensalada mixta　ミックスサラダ
jamón *m.*　ハム
sopa castellana　カスティーリャ風スープ（卵・ニンニクの入ったスープ）
helado　アイスクリーム
pescado　魚
carne *f.*　肉
a la brasa　ローストした
vino blanco　白ワイン

44

Aplicación 3

レストランでの対話を聞いて，注文のメモが正しい方を選ぼう。
Ahora escuchamos dos diálogos en un restaurante. Elige una de las notas que sea correcta.

diálogo 1

(a)

ensalada	2
pollo asado	1
carne a la brasa	1
vino tinto	1
agua mineral sin gas	1

(b)

sopa castellana	2
pollo asado	1
carne a la brasa	1
vino blanco	1
agua mineral sin gas	1

diálogo 2

(a)

helado	1
flan	2
cortado	1
té	2

(b)

helado	2
flan	1
cortado	2
té	1

6 ¿Te gusta la comida española? スペイン料理はお好きですか？

45

DIÁLOGO 6

¿Te gusta la comida española?

Sí, me gusta la comida española, sobre todo la paella.

sobre todo　特に

Ejercicio 5 下の語彙を使って，好きな外国料理について話そう。
Habla de los platos extranjeros que te gusten, utilizando las expresiones en la tabla.

comida japonesa　comida mexicana　comida argentina　comida estadounidense　comida italiana

sushi

tacos

carne a la brasa

hamburguesa

pizza

46

Aplicación 4 これからいくつか対話を聞きます。下の表の空いている場所に該当する語を書き入れよう。
Escuchamos unos diálogos. Rellena las casillas de la tabla.

diálogo	名前 nombre	どこの国の料理が好きか de qué país le gusta la comida	好きな料理 plato favorito
(1)	Ana		
(2)	Fernando		
(3)		スペイン料理 comida española	
(4)			tacos

7 Las comidas en España スペインの食事

47

ESCUCHA

En España, el desayuno no es muy abundante. Desayunamos café con leche o zumo de naranja y unas tostadas, un bollo o galletas.

En el almuerzo hay un primer plato (legumbres, sopa, arroz, verduras...), y un segundo plato que normalmente es carne, pescado o huevos. Por último un postre (flan, fruta, helado o algún dulce).

La cena puede ser como el almuerzo o más ligera.

sayunar 朝食をとる
fé con leche カフェオレ
mo ジュース
muerzo 昼食
mer < primero (→ P.56)
gún (＋男性名詞単数形)
guna (＋女性名詞単数形) 何か
lce *m.* 甘いもの
na 夕食
ero 軽い

Ejercicio 6  次の質問にスペイン語で答えよう。
Contesta a las preguntas en español.

En Japón, ¿qué desayunas? / ¿qué comes? / ¿qué cenas?

chocolate con churros

filete con patatas fritas

tortilla española y pan

Gramática 5

1. 目的格人称代名詞

		直接目的格（対格：～を）		間接目的格（与格：～に）	
		単数	複数	単数	複数
1 人称		me	nos	me	nos
2 人称		te	os	te	os
3 人称	男性	lo	los	le	les
	女性	la	las		

2. 動詞 gustar を用いる文

「～(人)は…(もの)が好きだ」と言いたい時，本来「～(人)にとって…(もの)が気に入る」という意味を持つ動詞 gustar が使われます。この時，「～」に当たる部分を人称代名詞の間接目的語（与格）で表して文頭に置き，「…」に当たる部分は動詞の後ろに置きます。

間接目的語（与格）人称代名詞 ＋ gustar ＋ 名詞（句）(単数・複数)

Me Te Le	**gusta**	el fútbol / la comida japonesa / España
Nos Os Les	**gustan**	las gafas de sol / los zapatos rojos

Vocabulario 1) ～6) と a) ～ f) で対応するものを結ぼう。

1) sesenta segundos
2) veinticuatro horas
3) siete días
4) treinta (y un) días
5) doce meses
6) sesenta minutos

a) una hora
b) una semana
c) un mes
d) un minuto
e) un día
f) un año

Lección 6 La familia y las profesiones
家族と職業

familia

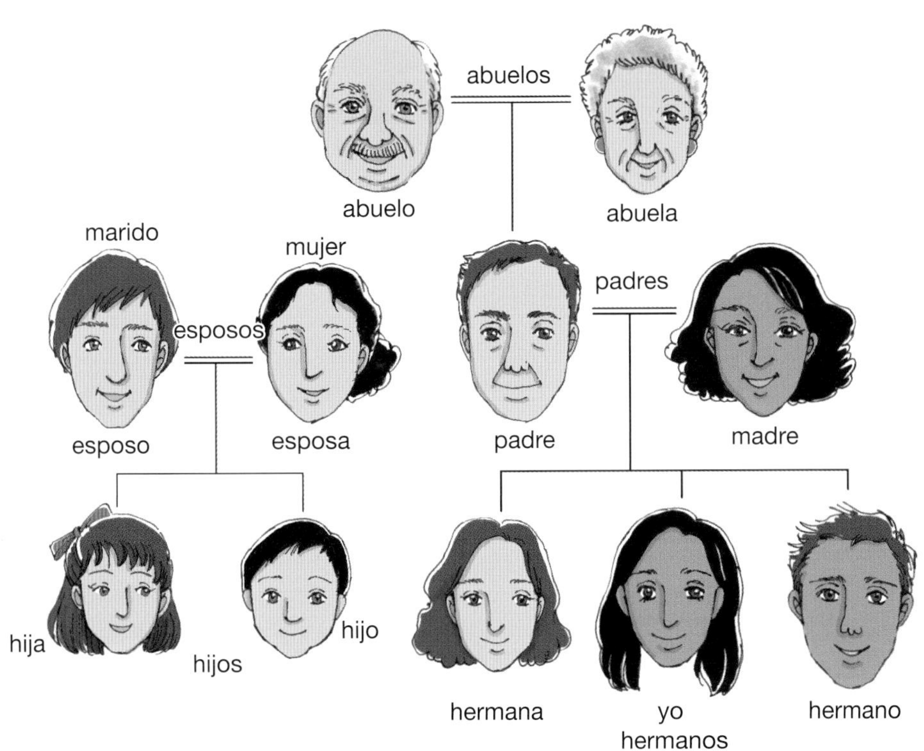

profesión *f.*

conductor *m.*, conductora *f.*

agricultor *m.*, agricultora *f.*

ingeniero *m.*, ingeniera *f.*

camarero *m.*, camarera *f.*

profesor *m.*, profesora *f.*

estudiante *m.*, *f.*

dependiente *m.*, dependienta *f.*

policía *m.*, *f.*

médico *m.*, médica *f.*

funcionario *m.*, funcionaria *f.*

1 Esta es mi familia. これは私の家族です

48

ESCUCHA

Mi abuelo se llama Baldomero.
Mi abuela se llama María Jesús.
Mi padre se llama Jaime Cerceda y es profesor de Ciencias.
Mi madre se llama María Rodríguez y es profesora.
Mi hermano se llama Joaquín y es estudiante de Química.
Mi hermana se llama Elena y trabaja en un restaurante.
Yo me llamo Lucía.

abuelo 祖父
abuela 祖母
padre 父
madre 母
profesor （男性の）先生
profesora （女性の）先生
hermano 兄・弟
hermana 姉・妹

49

DIÁLOGO 1

¿Quién es esta?

Es mi abuela. Se llama María.

quién 誰

este （男性を指して）この人
esta （女性を指して）この人 （→ P.8）
estos（男性複数または男性女性含めて複数の場合）この人たち
estas（女性複数の場合）この人たち （→ P.24）

Ejercicio 1 写真を使って，自分の家族を紹介しよう。
Presenta a tu familia, mostrando una foto.

2 ¿Cuál es la profesión de tu padre? お父さんのお仕事は？

50

DIÁLOGO 2

¿Cuál es la profesión de tu padre?

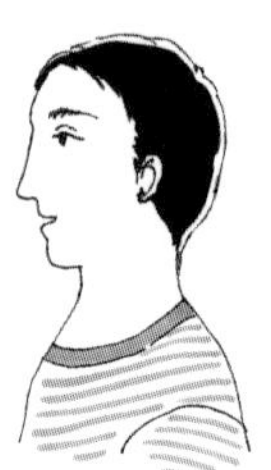

Es profesor y trabaja en una universidad.

profesión 職業
universidad 大学

Ejercicio 2 家族の職業を話そう。
Habla de la profesión de los miembros de tu familia.

Profesiones（職業）

男性	女性	
agricultor	agricultora	農民
funcionario	funcionaria	公務員
médico	médica	医師
ingeniero	ingeniera	技師
enfermero	enfermera	看護師
empleado	empleada	会社員
camarero	camarera	ウェイター／ウェイトレス
cartero	cartera	郵便配達員
informático	informática	IT エンジニア（情報処理の専門家）
abogado	abogada	弁護士
taxista	taxista	タクシー運転手
economista	economista	エコノミスト
policía	policía	警察官
periodista	periodista	ジャーナリスト
escritor	escritora	作家
actor	actriz	俳優／女優
amo de casa	ama de casa	主夫／主婦

3 Mi madre es alta. 母は背が高い

51

DIÁLOGO 3

¿Cómo es tu madre?

Es alta.

Ejercicio 3 下の語彙を使って，家族の特徴などについて話そう。
Explica cómo son los miembros de tu familia, utilizando las palabras siguientes.

Es alto-a / bajo-a
Es / Está gordo-a / delgado-a
※ ser を使うと「太った」「やせた」という特徴，estar だと（前と比べて）「太った」「やせた」という状態。
Tiene el pelo: corto / largo / liso / ondulado / rizado
Tiene los ojos: verdes / azules / negros / marrones
Lleva: gafas / barba / bigote

alto / bajo

gordo / delgado

pelo liso / pelo ondulado

mo どのような
) 高い
o 低い
rdo 太った
gado やせた
o 髪の毛
to 短い
go 長い
) 直毛の
dulado ウェーブのかかった
ado パーマのかかった
目
rde 緑の
ul 青い
gro 黒い
arrón 栗色の
var 持っている，身につけている
fas めがね
rba あごひげ
jote *m.* 口ひげ

52

Aplicación 1 対話を聞いて，その内容に合致するものを，選択肢の中から選ぼう。
Escuchamos unos diálogos. Elige una respuesta correspondiente al contenido.

diálogo 1

1) El hermano de Daniel se llama [a) Jaime b) Carlos c) Miguel].
2) Es [a) abogado b) empleado c) ingeniero].
3) Es [a) bajo b) alto].

diálogo 2

1) El abuelo de Lucía vive en [a) Madrid b) Segovia c) Soria].
2) Es [a) actor b) profesor c) escritor].
3) Lleva [a) gafas y bigote b) bigote y barba c) barba y gafas].

4 Tengo cuatro hermanos. 4 人兄弟です

53

DIÁLOGO 4

¿Tienes hermanos?

Sí, tengo cuatro hermanos, dos hermanas y dos hermanos. En total somos cinco hermanos. ¿Y vosotros?

Yo no tengo hermanos. Soy hija única.

Yo tengo dos hermanas.

hija única 一人娘

Ejercicio 4

上の例にならって，兄弟の有無を尋ねよう。
Pregunta a tus compañeros si tienen hermanos, como en el DIÁLOGO 3.

5 Tengo 20 años. 私は 20 歳です

54

DIÁLOGO 5

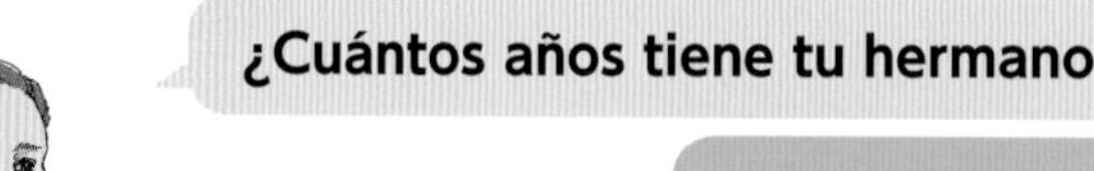
¿Cuántos años tiene tu hermano?

Tiene 20 años.

¿Es todavía estudiante?

No, ya es empleado de una empresa.

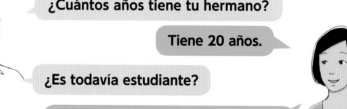

todavía まだ
ya すでに，もう

Ejercicio 5  家族の年齢と職業を尋ねよう。
Pregunta a tus compañeros qué profesión tienen y cuántos años tienen los miembros de su familia.

55 **Aplicación 2** 家族を紹介する文を聞いて，その内容に該当する絵を選び，また，その人の年齢を書こう。
Escuchamos las frases que presentan a la familia. Elige uno de los dibujos correspondientes a la explicación y anota su edad.

(1) 

(2) 

(3) 

(4) 

6 La familia Yamada 山田家

56 **ESCUCHA**

Mis padres viven en Sapporo. Mi padre es ingeniero y trabaja en una empresa. Le gusta pasear en coche y también ir al karaoke. Mi madre es ama de casa. Toca el piano y canta muy bien. Tengo un hermano y una hermana. Ella es azafata. Está casada y tiene dos hijos. Él tiene 21 años y estudia Química en Osaka. Le gusta hacer deporte.

Ejercicio 6 次の質問にスペイン語で答えよう。
Contesta a las preguntas en español.

a) ¿Dónde viven sus padres?
b) ¿Qué hace su padre?
c) ¿Qué le gusta a su padre?
d) ¿Qué hace su madre?
e) ¿Qué instrumento musical toca su madre?
f) ¿Cuántos hermanos tiene?
g) ¿Qué hace su hermana?
h) ¿Cuántos hijos tiene su hermana?
i) ¿Cuántos años tiene su hermano?
j) ¿Qué estudia su hermano?

oresa *m.* 企業，会社
ar 弾く
.fata キャビンアテンダント

años は veintiún
ıos と読む。

ado 既婚の
ero 未婚の

trument musical 楽器

Gramática 6

1. 所有形容詞

1.1 所有形容詞前置形

	単数		複数	
1人称	mi	mis	nuestro nuestros	nuestra nuestras
2人称	tu	tus	vuestro vuestros	vuestra vuestras
3人称	su	sus	su	sus

1.2 用法

後ろの名詞が複数になると，所有形容詞も複数になります。また nuestro と vuestro は，さらに後ろの名詞に合わせて性変化をします。

2. 動詞 tener を用いる文

2.1 活用

	単数	複数
1人称	**tengo**	**tenemos**
2人称	t*ie***nes**	**tenéis**
3人称	t*ie***ne**	t*ie***nen**

2.2 用法

a.「持つ / 持っている」
¿Qué **tienes** en la mano? — **Tengo** una llave.

b.「〜歳である」
Tengo 20 años.

c.「会を開く」
Mañana **tenemos** una reunión de profesores.

d. tener que + 動詞の不定詞「〜しなければならない」
Tengo que buscar un regalo.

e. tener + 名詞の慣用表現
tener frío, tener calor
tener hambre, tener sueño, tener dolor
tener tiempo, tener prisa

1) 〜 5) と a) 〜 e) で関係する語を結びつけて，ペアを作ろう。

1) enseñar　2) comprar　3) contestar　4) ir　5) perder

a) venir　b) encontrar　c) vender　d) preguntar　e) aprender

Lección 7 Objetos personales

持ち物

¿Cómo se dice ... en español?
スペイン語で…は何と言いますか？

decir　言う

1 ¿Cómo se dice “hon” en español? “本”はスペイン語で何と言いますか？

57

DIÁLOGO 1

¿Cómo se dice “hon” en español?

“Libro”. Se dice “libro”.

Ejercicio 1 

自分の持ち物，身の回りの物はスペイン語で何と言うのだろう。イラストを見ながら，クラスメートに質問してみよう。

¿Cómo se dicen los objetos que están a tu alrededor? Pregunta a tus compañeros con los dibujos siguientes.

periódico *m.*

bolígrafo

libro

diccionario

corbata *m.*

reloj *m.*

cuaderno

cámara digital

monedero

estuche *m.*

goma

regla

58

Aplicación 1

日本人留学生が，教室にあるものの名前を先生に尋ねている場面を聞きます。聞こえたものをスペイン語で何と言うか，書き取ってみよう。

Ahora escuchamos unos diálogos en los que un / una estudiante japonés / japonesa, que está en una escuela de idiomas en el extranjero, pregunta a su profesor/a cómo se dicen en español los objetos que hay en clase. Apúntalo.

2 Esto no es un reloj. これは時計ではありません

59

DIÁLOGO 2

¿Esto es un reloj?

No, no es un reloj. Es una cámara.

Y ¿qué es esto?

Es un bolígrafo.

eloj の語末の j は，
まとんど聞こえない
くらい弱く発音され
る。ただし，複数形
elojes となった時
は，通常どおり発音
される。

Ejercicio 2

イラストの物について，イラストの上に書いてある語で尋ねてみよう。聞かれた人は，それに対して答えてみよう。
Forma una pregunta utilizando las palabras que están encima de cada dibujo. Contesta a la pregunta.

¿bolso?

¿cámara digital?

¿diccionario?

¿bolígrafo?

¿libro?

Ejercicio 3 

イラストの物が何なのか尋ねてみよう。聞かれた人は，p.37 や p.38 のイラストを参考にして答えてみよう。
Pregunta a tu compañero cómo se dicen estos objetos. Contesta con las palabras que se encuentran en las páginas 37 y 38.

3 En la tienda 店で

60

DIÁLOGO 3

Buenas tardes, ¿qué desea?

Quiero una camisa, por favor.

¿Cuál es su talla?

La talla cuarenta.

a サイズ
godón *m.* 綿
iéster *m.* ポリエステル
da 絹，シルク

preferir ～の方を好む

preferir の活用（現在）
(yo) prefiero
(usted) prefiere

不規則動詞
preferir は 1 ～ 3 人称単数・3 人称複数で，語幹の e が ie となる。

la de algodón
la camiseta de algodón の camiseta が省略された形。文脈から何を指しているか分かる場合，冠詞だけ残して省略することがある。

¿de qué color...? 何色の…？

costar の活用（現在）
(él) (ella) cuesta

不規則動詞
costar は 3 人称単数・複数で，語幹の o が ue となる。なお，「～の値段である」の場合，3人称で活用する。

jersey *m.* セーター
lana ウール，羊毛
acrílico アクリル
plástico 合成樹脂，プラスチック
guantes *m.pl.* 手袋
cuero 革

¿qué le parece...?
親しい相手には ¿qué te parece...? と言う。

precioso 素敵な
moderno モダンな
económico お得な
fantástico すばらしい
interesante 興味深い
anticuado 古くさい
a la moda 流行の
caro 高い
barato 安い

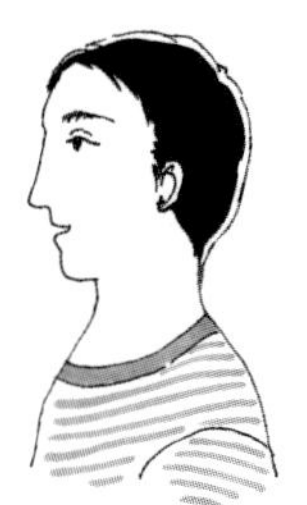

Tenemos de algodón, de poliéster, y de seda.
Prefiero la de algodón.
¿De qué color?
Azul. ¿Cuánto cuesta?
11 euros.

Ejercicio 4  次の物を買う対話をしよう。
Practica con las palabras siguientes, como el DIÁLOGO 3.

a) falda	algodón / poliéster	rojo	25 euros
b) jersey	lana / acrílico	verde	50 euros
c) guantes	plástico / cuero	negro	14 euros

61 **Aplicación 2** 2 つの対話を聞いて，買った物について，それが何か，いくつ買ったか，何色か答えよう。
Escuchamos dos diálogos. Contesta qué y cuántos ha comprado y de qué color son.

diálogo	何？ qué	何色？ de qué color	いくつ？ cuántos
(1)			
(2)			

4 ¿Qué le parece esta pulsera? このブレスレットはどうですか？

62 **DIÁLOGO 4**

¿Qué le parece esta pulsera?
Me parece muy bonita.

Ejercicio 5  互いの持ち物について，感想を言おう。
Di qué impresión tienes sobre lo que tienen tus compañeros.

precioso moderno económico fantástico
interesante anticuado a la moda caro barato

63

Aplicación 3

２つの対話を聞いて，話題になっている物について，それが何か，話し手はそれについてどう思っているか答えよう。
Escuchamos dos diálogos. Contesta de qué se trata y qué le parece al hablante.

diálogo	何？ qué	どう思っているか？ qué le parece
(1)		
(2)		

5 ¿Qué tipo de ropa te gusta llevar? どんな服装がいいですか？

64

DIÁLOGO 5

¿Qué tipo de ropa te gusta llevar para ir a la playa?

Me gusta llevar una camiseta y unos pantalones cortos.

o タイプ
ya 海辺
to 短い
go 長い

Ejercicio 6  イラストを見ながら，自分の好きな服装について言ってみよう。
Di qué tipo de prenda te gusta.

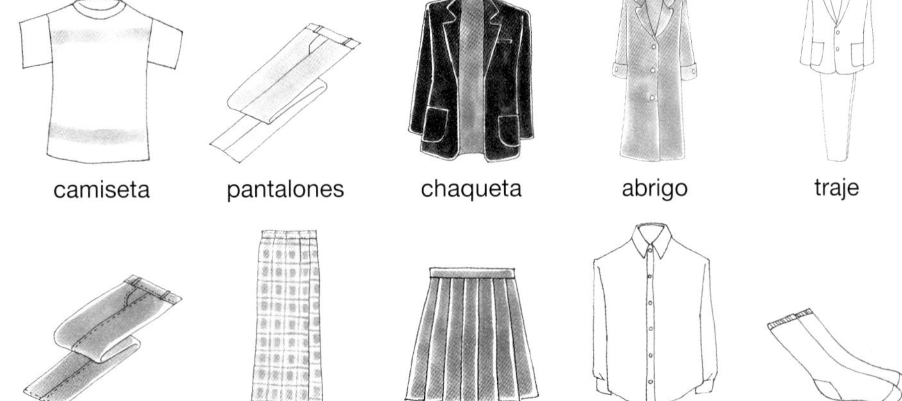

sta パーティ
porte *m.* スポーツ
nga そで
rbata ネクタイ
ándal *m.* スウェット
ama *m.* パジャマ
ayas しま模様の
nerse 着る
stado ぴったりした

Ejercicio 7 左と右を結びつけよう。
Relaciona.

a) Para ir al trabajo
b) Para ir a la universidad
c) Para ir a una fiesta
d) Para hacer deporte
e) Para estar en casa

1) Yo llevo pantalones vaqueros y camiseta de manga corta.
2) Yo me pongo un traje y corbata.
3) Utilizo un chándal.
4) Llevo un pijama a rayas.
5) Yo siempre me pongo un vestido largo muy ajustado.

Gramática 7

1. 形容詞

1.1 名詞＋形容詞

日本語で「新しい自動車」という時の「新しい」は形容詞で，「自動車」は名詞です。スペイン語では一般に，修飾される名詞の後に形容詞を置きます。

un coche nuevo（新しい自動車）

1.2 形容詞の性数変化

形容詞にも男性／女性，単数／複数の区別があり，名詞の性と数にしたがって語尾が変化します。

a. 男性単数形が -o で終わるものは，-o を -a に変えると女性形になります。

un libro blanc**o**
una mesa blanc**a**

b. 男性単数形が -o 以外で終わるものは，男性形と女性形は同じ形です。

el hombre inteligente　　la mujer inteligente

c. 形容詞の複数形の作り方は，名詞の場合と同じです。

una noche clara　　unas noches clara**s**
un idioma difícil　　unos idiomas difícil**es**

2. 動詞 querer を用いる文

2.1 活用

	単数	複数
1人称	qu*ie*r**o**	quer**emos**
2人称	qu*ie*r**es**	quer**éis**
3人称	qu*ie*r**e**	qu*ie*r**en**

2.2 用法

a. querer + a + 人　「〜を好きだ・愛している」
Juan **quiere** a Josefina.

b. querer + 物　「〜が欲しい」
Quiero una caña.

c. querer + 動詞の不定詞　「〜したい」
Mi hermano **quiere** aprender español.

d. 疑問文で丁寧な表現　「〜してくれますか？」
¿**Quieres** abrir la ventana, por favor?

Vocabulario

1）〜 5）の名詞と a) 〜 e) の形容詞を適切に組み合わせよう。

1) vino　2) café　3) patatas　4) jamón　5) agua

a) ibérico　b) fritas　c) mineral　d) tinto　e) cortado

Lección 8 Vivienda

Casas (Córdoba)

Casas (Ronda)

Casas (Frigiliana)

Casas (Fuengirola)

Casas (Mijas)

Casas (Pedrafita do Cebreiro, Galicia)

1 La casa del señor Fernández フェルナンデスさんの住宅

 **ESCUCHA**
65

La casa del señor Fernández es grande. Tiene tres habitaciones, dos cuartos de baño, cocina, comedor, garaje y piscina. En la cocina hay muebles, una mesa y cuatro sillas. Podemos ver también un horno, un lavavajillas, una lavadora y una nevera. En el comedor hay un sofá y un sillón. También hay una mesa, seis sillas, un armario y una televisión.

garaje *m.* ガレージ
piscina *f.* プール
cocina 台所，コンロ
(→ P.17)
mueble *m.* 家具
horno オーブン
lavavajillas *m.*
[単複同形] 食洗機
lavadora *f.* 洗濯機
nevera *f.* 冷蔵庫
sillón *m.* ひじ掛けいす
armario *m.*
洋服だんす
televisión *f.* テレビ

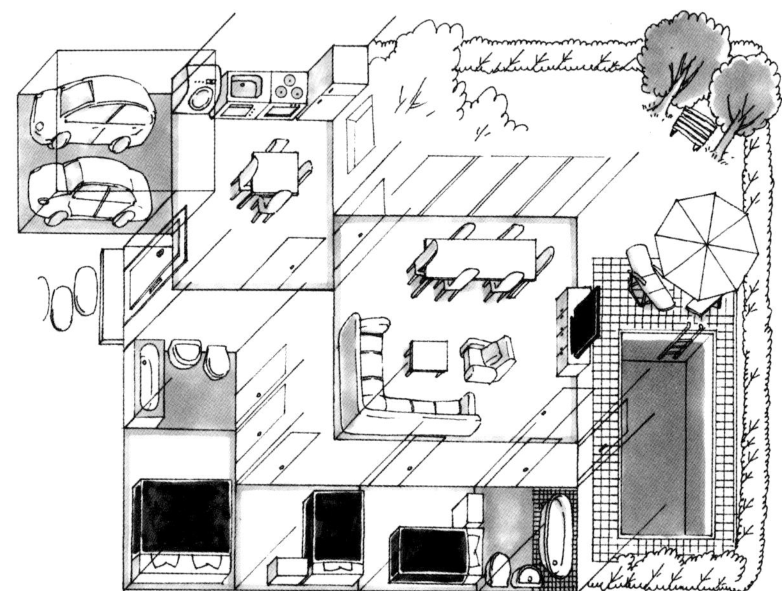

Ejercicio 1 次の各文が正しければV，間違っていればFにチェックマーク（✓）を書き入れよう。
Marca la casilla correspondiente, V (Verdadero) o F (Falso).

	V	F
1) La casa del señor Fernández es pequeña.	□	□
2) Hay dos piscinas.	□	□
3) En la cocina hay cuatro sillas.	□	□
4) En el comedor hay 6 sillas.	□	□
5) No hay televisión en el comedor.	□	□

 **Aplicación 1** ①上の文にならって，自分の家の様子をスペイン語で書いてみよう。
Escribe una descripción, como el ejemplo de arriba.

②ペアになって，①で書いた文章をクラスメートに読み上げてみよう。
En parejas. Lee la descripción a tu compañero.

③聞いている人は，その内容を図で表してみよう。
Dibuja un plano escuchando la descripción.

④一通り終わったら，役割を交代し，②と③を繰り返そう。
Haz lo mismo, cambiando el turno.

⑤お互いに書いた図を確認してみよう。
Compara los planos.

2 La habitación de Antonio アントニオの部屋

Ejercicio 2 

イラストをよく見て，ネコのいる場所とテーブルの関係を観察し，スペイン語でどのような表現が用いられるか確認しよう。

Confirma las expresiones de lugar, observando la posición del gato en cuanto a la mesa.

Ejercicio 3

下のイラストは Antonio の部屋の様子です。家具などがどこにあるか注意しながら，（　　）の中に該当する表現を枠の中から選んで入れよう。

Esta es la habitación de Antonio. Observa dónde están los muebles o los objetos y escribe entre paréntesis una de las expresiones de la casilla.

pelera *f.* ごみ箱
tantería *f.* 本棚
ma *f.* ベッド

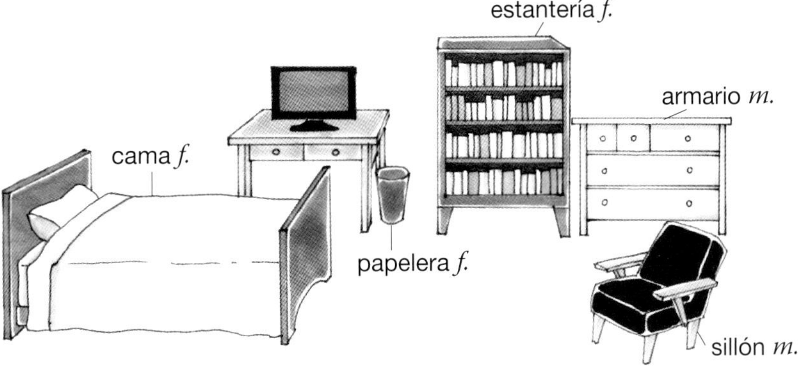

ntro de ～の中に

1) La televisión está (　　　　　　) la mesa.
2) (　　　　　　) la mesa hay una papelera.
3) Los libros están (　　　　　　) la estantería.
4) Los platos están (　　　　　　) armario.
5) (　　　　　　) hay una cama.
6) (　　　　　　) sillón está el armario.

a la derecha de a la izquierda detrás del dentro del en encima de

前置詞 de の後に男性単数定冠詞 el が続くと del という形になる。
例 de＋el armario
→ **del** armario
洋服だんすの
(→ P.22)

Ejercicio 4

Ejercicio 3 のイラストについて，次の質問に答えよう。

Contesta a las preguntas en cuanto al dibujo del Ejercicio 3.

1) ¿Dónde está la mesa?
2) ¿Cuántas camas hay?
3) ¿Qué hay encima de la mesa?
4) ¿Qué hay delante del armario?
5) ¿Dónde está la estantería?

3 ¿Vives con tu familia? 家族とお住まいですか？

66

DIÁLOGO 1

extranjero 外国の
solo 一人で

1人で暮らす
vivir solo / sola

男性が一人暮らしの場合 solo を，女性が一人暮らしの場合 sola を使う。

¿Vives con tu familia?

No, vivo con tres amigas extranjeras. ¿Y tú?

Yo vivo solo en un piso.

piso
マンション（の一区画）

67

ESCUCHA

Me llamo Sakiko Tani.
Soy japonesa de Osaka. Tengo 23 años.
Soy enfermera. En mi tiempo libre hago deporte y voy al cine.
Me gusta comer la comida coreana y bailar flamenco.

os 君たちに
ir de paseo 散歩に行く

Os presento a mis amigas.
Es Jacqueline White.
Es australiana, de Brisbane. Tiene 21 años.
Es estudiante de Psicología.
Le gusta ir de paseo y leer libros.

afición 趣味
diseño gráfico
グラフィック・デザイン

Ejercicio 5  上の例にしたがって，残りの２人の同居人を紹介しよう。
Como el ejemplo de arriba, presenta a estas dos compañeras.

1) Lupita Villa
Tijuana, México
Estudiante de Economía
20 años
afición: escuchar música y bailar en la discoteca

2) Weichi Lee
Shanghái, China
Estudiante de Diseño Gráfico
21 años
afición: tocar la guitarra y cantar

4 ¿Cómo es vuestro piso? 住まいはどんなですか？

vuestro 君たちの

68

DIÁLOGO 2

¿Cómo es vuestro piso?

Vivimos en un piso de cuatro habitaciones con un pequeño balcón.

Ejercicio 6  クラスメートにどんな家に住んでいるか尋ねてみよう。
Pregunta a tus compañeros cómo es su casa.

69 **Aplicación 2** 3つの対話を聞いて，Carlos, Jorge, María の家がどのような家か，次のイラストの中から当てはまるものを選ぼう。
Escuchamos tres diálogos. Adivina cómo son las casas de Carlos, Jorge, y María, eligiendo uno de los dibujos siguientes.

a)

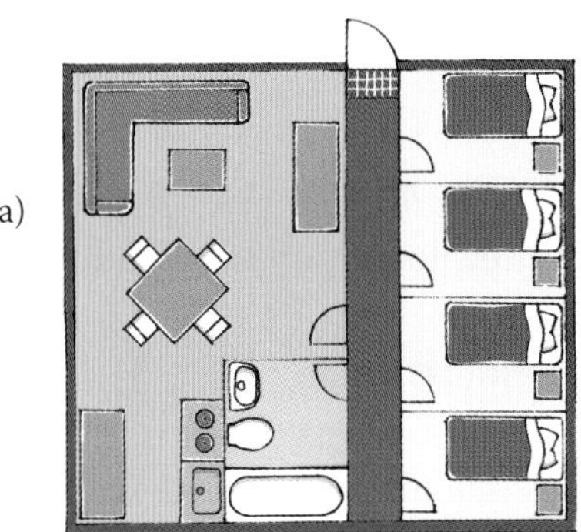

b)

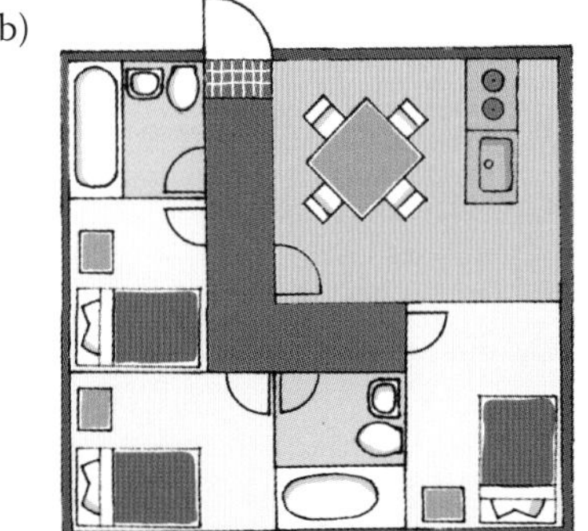

c)

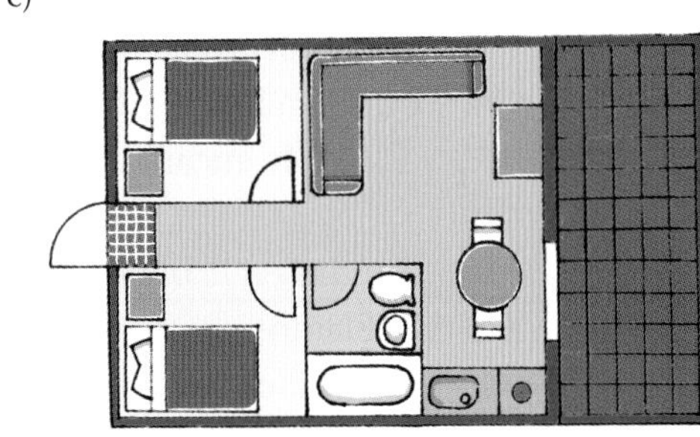

71

meros
字（100 ～ 1000）
00 cien
25 ciento veinticinco
00 doscientos
00 trescientos
00 cuatrocientos
00 quinientos
00 seiscientos
00 setecientos
00 ochocientos
00 novecientos
00 mil

5 euros
ento veinticinco euros
5 libras（ポンド）
ento veinticinco libras
0 euros
rescientos euros
0 libras
rescientas libras

5 ¿Cuánto cuesta el alquiler del piso? 家賃はいくらですか？

70 **DIÁLOGO 3**

¿Cuánto cuesta el alquiler del piso?
Pago 500 euros al mes.
¿Cuánto mide el piso?
75 m² (metros cuadrados) más o menos.

quiler *m.* 家賃
gar 支払う
mes 1か月につき
edir
測る，寸法がある

medir の活用(現在)
(él) m*i*de

(→ P.78)

不規則動詞
medir は 1 ～ 3 人称単数・3 人称複数で，語幹の e が i となる。

ás o menos 大体

72 **Aplicación 3** 2つの対話を聞いて，話題になっている物件の広さと，家賃に関するデータを聞き取ってみよう。
Escuchamos los diálogos. Apunta los datos sobre la dimensión y el alquiler de cada casa.

対話 diálogo	広さ dimensión	家賃 alquiler
(1)		
(2)		

Gramática 8

1. 前置詞

よく使われる前置詞として a, ante, bajo, con, contra, de, desde, durante, en, entre, hacia, hasta, mediante, para, por, según, sin, sobre, tras などがあります。そのうち主なものの用法を見てみましょう。

1.1 a

「人，生物を表す直接目的語を指す」Invito **a** mis amigos.

「間接目的語を指す」Le regalo mi portátil **a** Pedro.

「時間」Te espero **a** las tres.

「場所」Voy **a** Madrid esta semana.

1.2 con

「同伴」Paseo todas las mañanas **con** mi perro.

「手段」Los niños comen **con** una cuchara.

1.3 de

「所有」Este es el despacho **de** Carmen.

「出身」Esos son los señores **de** Costa Rica.

「材料・内容」Me encantan las tartas **de** chocolate.

1.4 en

「場所」Estudio **en** la biblioteca.

「言語」Hablamos **en** español.

「時間・期間」Ellos se casan **en** enero.

「交通機関」Viajamos **en** tren y **en** autobús.

1.5 para

「目的」No tengo tiempo **para** ver la televisión.

「場所」Mañana salimos **para** Londres.

「期間」Necesitamos un apartamento **para** este verano.

1.6 por

「原因」Se suspende el partido **por** la lluvia.

「場所」Van a Sevilla **por** la autopista.

「手段」Le llamo **por** teléfono esta noche.

Vocabulario　（　）内に適切な前置詞を入れよう。

1) ¿Vives (　　　) tus padres?

2) Necesito un diccionario (　　　) el examen.

3) La clase está llena (　　　) alumnos.

4) Vivimos (　　　) un piso grande.

5) Eres muy amable. Muchas gracias (　　　) todo.

6) Voy (　　　) la farmacia.

Lección 9 Hora y fecha 時刻と日付

【スペインの年越し】

日本で大晦日といえば，年越しそばを食べる習慣がありますね。スペインではどうなのでしょうか？

スペインでも日本と同じように「あるもの」を食べます。「あるもの」とは，12 粒のブドウです。新しい年が訪れる瞬間，マドリードの中心にあるプエルタ・デル・ソルで鳴る時計台の 12 の鐘の音に合わせ，12 粒のブドウを食べて，新年の幸運を祈ります。このプエルタ・デル・ソルの様子は，テレビでも全国中継されます。その後，町に繰り出し，一晩中陽気に騒ぐ若者たちもいます。というわけで，元日は「寝正月」になってしまいます。

1 Perdón, ¿qué hora es? すみません，何時ですか？

73

DIÁLOGO 1

Perdón, ¿qué hora es?

Es la una en punto.

en punto　ちょうど
de la mañana　午前の
de la tarde　午後の
de la noche　夜の
de la madrugada　深夜の，未明の
media　（時間表現の時に）30 分，～半
cuarto　（時間表現の時に）15 分

時刻に用いる y と menos
「～時～分」という時は，接続詞の y（そして）を用いて，後に数詞を連ねる。
「～時～分前」という時は，y に代わって menos（マイナス）という語を用いる。

Ejercicio 1 

①下のイラストで時計の針が抜けている所に，示された時刻を表すように時計の針を書き入れてみよう。
Marca la hora indicada debajo de los relojes que no tienen agujas.

②自分で時計のイラストを書き，相手の言った時刻を表すように時計の針を書き入れてみよう。
Dibuja unos relojes, e indica la hora que digan tus compañeros.

Son las tres de la tarde.

Son las cinco menos veinticinco de la tarde.

Es la una de la madrugada.

Son las seis y media de la mañana.

Son las diez menos cuarto de la noche.

Son las once y cuarto de la noche.

Son las siete y cinco de la mañana.

Son las doce y veinte de la madrugada.

Son las doce del mediodía.

Son las doce de la medianoche.

2 ¿A qué hora te levantas? 何時に起きますか？

74 **DIÁLOGO 2**

¿A qué hora te levantas?

Me levanto a las seis.

Ejercicio 2  一日の行動を話そう。
Explica tu rutina diaria.

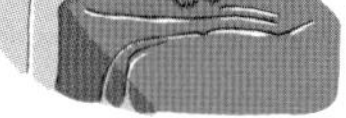

levantarse

desayuar

salir de casa

ir a la escuela

hacer los deberes

jugar con los amigos

bañarse

acostarse

75 **Aplicación 1**

① 5つの対話を聞いて，何時に何をすると言っているか聞き取ってみよう。
Escuchamos cinco diálogos. Indica qué hace y a qué hora.

② ①の対話 (1) ～ (5) は，実は1つの連続した会話です。もう一度対話 (1) ～ (5) まで通して聞き，下の表のデータを参考にしながら，Fernando の一日の行動を表す文章を書いてみよう。
Estos diálogos del (1) al (5) forman una secuencia. Escúchalo otra vez, y con los datos en la tabla, escribe un párrafo que explique la rutina diaria de Fernando.

diálogo	何時に？ ¿A qué hora?	何をする？ ¿Qué hace?
(1)		
(2)		
(3)		
(4)		
(5)		

'antarse 起きる

vantarseの活用(現在)
(yo) *me* levanto
(tú) *te* levantas

再帰動詞
levantarse のように
e という再帰代名詞
を伴う動詞のこと
を，再帰動詞と呼ぶ。
再帰代名詞は活用し
て動詞の前に置き，
主語に合わせて形が
変化する。

sayunar (→ P.29)
beres *m.pl.* 宿題
gar 遊ぶ，(球技など
) する
ñarse 入浴する
ostarse
寝る，横になる

costarse は現在の
～3人称単数およ
び3人称複数で，語
幹の o が ue となる
不規則動詞。

3 ¿Cuánto tiempo juegas a los videojuegos? ゲームはどれだけしますか？

al día　1日に

76

DIÁLOGO 3

¿Cuánto tiempo juegas a los videojuegos?

Juego media hora al día.

Ejercicio 3

次の時間を表す表現を使い，一日あたり何をどのくらいの時間するか，対話してみよう。
Con las expresiones en la casilla, di cuánto tiempo utilizas diariamente para estas actividades.

dormir

navegar por Internet

leer libros

30 分	media hora
1 時間半	una hora y media
2 時間	dos horas
3 時間	tres horas
4 時間	cuatro horas
5 時間	cinco horas

4 ¿A qué hora abre el museo? 博物館は何時に開きますか？

77

DIÁLOGO 4

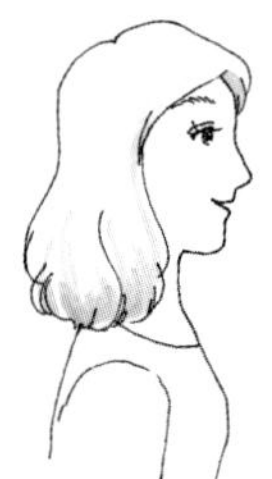

¿A qué hora abre el museo?

Abre a las diez de la mañana.

¿A qué hora cierra el museo?

Cierra a las cinco de la tarde.

Ejercicio 4

次の場所の開閉の時間をクラスメートに尋ねよう。
Pregunta a tus compañeros a qué hora se abren y se cierran estos establecimientos.

biblioteca

piscina

farmacia

zoo

librería

restaurante

papelería

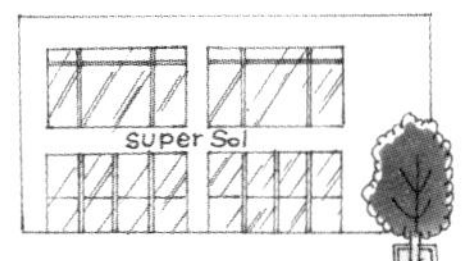

supermercado

5 Agenda スケジュール帳

ESCUCHA 78

Lunes	5	salir con los amigos
Martes	6	cenar con María
Miércoles	7	hacer deporte
Jueves	8	viajar a Okinawa
Viernes	9	jugar un partido de fútbol
Sábado	10	visitar la exposición de Picasso
Domingo	11	ir al bar

Ejercicio 5  クラスメートに次の質問をしてみよう。
Haz estas preguntas a tus compañeros.

1) ¿Qué haces el lunes?
2) ¿Cenas el miércoles con María?
3) ¿Cuándo haces deporte?
4) ¿A qué partido vas el viernes?
5) ¿Qué haces el fin de semana?

6 El domingo de Juan フアンの日曜日

 **ESCUCHA** 79

Hoy es domingo. Juan duerme hasta tarde. Se levanta a las once de la mañana y se baña. Una hora más tarde, toma un café y lee el periódico. A la una y media va a hacer la compra al supermercado. Vuelve a casa, y prepara la comida a las tres menos cuarto. A las cuatro y diez ve la televisión y se prepara para salir con sus amigos. Queda a las seis de la tarde.

Ejercicio 6  次の時間にフアンが何をするかクラスメートに尋ねてみよう。
Pregunta a tus compañeros qué hace Juan a estas horas.

11:00 12:00 13:30 14:45 16:10 18:00

…s de la semana （ウィークデー）
…es *m.* 月曜日
…rtes *m.* 火曜日
…ércoles *m.* 水曜日
…eves *m.* 木曜日
…rnes *m.* 金曜日
… de semana（週末）
…bado *m.* 土曜日
…mingo *m.* 日曜日

…cer la compra 買い物をする
…ver 戻る

volver の活用（現在）
(él) v*ue*lve
（→ P.78）

…不規則動詞
…olver は現在の 1 〜 …人称単数および 3 …人称複数で，語幹の …が ue となる。

…edar 待ち合わせする

Gramática 9

Gramática 9

1. 再帰代名詞

1.1 再帰代名詞 再帰動詞をつくる代名詞を再帰代名詞といいます。再帰代名詞は直接目的語（対格）や間接目的語（与格）の代名詞と違って，主語と同一の人や物を指します。

lavar**se**

	単数	複数
1人称	**me** lavo	**nos** lavamos
2人称	**te** lavas	**os** laváis
3人称	**se** lava	**se** lavan

1.2 直接再帰：「自分自身を」

Me afeito por las mañanas.

Me levanto a las seis de la mañana.

1.3 間接再帰：「自分の身体に〜する」「自分のために〜する」

Pablo **se lava** las manos.

Yo **me pongo** la corbata.

1.4 相互再帰：「お互いに〜する」 意味上，主語は複数形になります。

Isabel y Fernando **se quieren**.

Ana y tú **os escribís**, ¿no?

2. 動詞 jugar を用いる文

2.1 活用

	単数	複数
1人称	*jue*go	jugamos
2人称	*jue*gas	jugáis
3人称	*jue*ga	*jue*gan

2.2 用法

a.「遊ぶ」

Vamos a **jugar** en mi casa.

b. jugar a + 球技「プレーする」

Juego al golf los domingos.

Vocabulario 1）〜 6）と a) 〜 f) で対になる語を結びつけよう。

1) hombre　2) actor　3) caballo　4) padre　5) toro　6) yerno

a) vaca　b) yegua　c) mujer　d) nuera　e) madre　f) actriz

Lección 10 Universidad 大学

Aula Miguel de Unamuno
(Universidad de Salamanca)

Facultad de Odontología
(Universidad Complutense de Madrid)

Fachada
(Universidad de Salamanca)

Patio interior de San Ildefonso
(Universidad de Alcalá)

Edificio Santo Domènec I
(Universidad de Girona)

Aula Federico García Lorca
(Universidad de Granada)

1 En la universidad 大学で

80

DIÁLOGO 1

¿Usted sabe dónde está el despacho del profesor García?
El despacho del profesor García está en el edificio de la biblioteca.
¿Y dónde está la biblioteca?
La biblioteca está al lado de la Facultad de Empresariales. Siga todo recto y gire la segunda calle a la izquierda. Al final del paseo está la biblioteca. El despacho está en el primer piso.

despacho　研究室
edificio　建物
al lado de　～のそばに
Empresariales 経営学
siga < seguir　続ける（usted に対する肯定命令形）
gire < girar　曲がる（usted に対する肯定命令形）
a la izquierda
左側に
（↔ a la derecha
右側に）
（→ P.45）
al final de
～のつきあたりに

Ejercicio 1  下の地図を見て質問に答えよう。
Contesta a las preguntas sobre el plano.

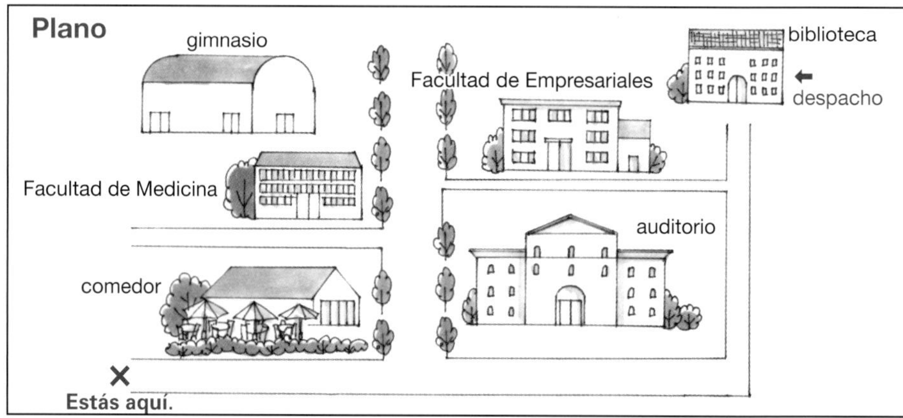

Preguntas
a) Por favor, ¿dónde está la biblioteca?
b) Oiga, ¿el despacho del profesor García, por favor?
c) Perdón, ¿dónde está el gimnasio?
d) Señorita, ¿sabe dónde está la Facultad de Empresariales?
e) Por favor, señor, ¿el comedor?
f) Oiga, por favor, ¿dónde está el auditorio?

階の数え方
日本で言う1階は，スペインでは planta baja（地上階）と言い，階段を1つ上がった階が primer piso（1階，日本で言う2階にあたる）となる。

81
números ordinales　序数

primero/primera	1番目の	segundo/segunda	2番目の
tercero/tercera	3番目の	cuarto/cuarta	4番目の
quinto/quinta	5番目の	sexto/sexta	6番目の
séptimo/séptima	7番目の	octavo/octava	8番目の
noveno/novena	9番目の	décimo/décima	10番目の

primer piso/primera planta　1階
segundo piso/segunda planta　2階
tercer piso/tercera planta　3階

2 En la clase 教室で

82

DIÁLOGO 2

Hoy estudiamos la lección 12.
Abrid el libro por la página 35.
Manuel, léela.

Sí, profesora.

rid < abrir 開ける
ısotros に対する肯
命令形 → P.79)
ıla < leer 読む
+ la それを
e は tú に対する肯定
令形)

肯定命令の形と目的
格代名詞が同時に用
いられる時は，目的
格代名詞は肯定命令
形の後に直接つなげ
て1語で書かれる。
(目的格代名詞
→ P.30)

Ejercicio 2 先生と生徒になって対話をしよう。
En parejas. Imagina un diálogo entre un/a profesor/a y un/a alumno/a, como el DIÁLOGO 2.

leer el párrafo

escribir las frases

confirmar las respuestas

escuchar el diálogo

hablar con tu compañero

repetir la oración

ırrafo パラグラフ
ıse *f.* 語句，文
nfirmar 確かめる
spuesta 答え
ılogo 対話
oetir 繰り返す
ación 文

83

DIÁLOGO 3

Profesor, enséñeme, por favor, ¿en qué países se habla español?

Se habla en España, México, Guatemala, Cuba, Perú, Argentina, etc., etc., etc...

séñeme
ınseñar 教える
+ me 私に
ıseñe は usted に
する肯定命令形)

habla 話される

:. = etcétera ～など

Ejercicio 3  何語がどの国で話されるか，順番に尋ねてみよう。答えた人が下線部を入れかえ，次の人に質問しよう。
En turno, pregunta qué lengua se habla en qué país. El/la que pregunta cambia la parte subrayada, y sigue preguntando.

a)¿En qué país se habla <u>español</u>? Se habla en <u>España</u>.
b)¿Qué lengua se habla en <u>Japón</u>? Se habla <u>japonés</u>.

3 Aquí no se puede fumar. ここは禁煙です

se puede + 不定詞
　～できる

84

DIÁLOGO 4

¿Aquí se puede fumar?

No, no se puede fumar.

Ejercicio 4 イラストの内容にしたがって，「～で何をしてもいいですか？」「いけません」という対話をしよう。

Practica como el DIÁLOGO 4, utilizando los verbos y los lugares siguientes.

aula *f.* 教室

> aula のようにアクセントのある a で始まる女性名詞の単数形には，定冠詞 el を用いる。

dormir 寝る
aparcar 駐車する
perro/rra 犬

pisar 踏む
césped *m.* 芝生
parque *m.* 公園

dormir / clase

comer / biblioteca

beber / aula

aparcar / calle

hablar / biblioteca

entrar con el perro / restaurante

pisar / césped

jugar al fútbol / parque

correr en el pasillo

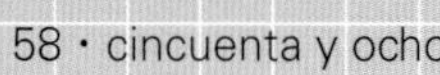

4 Agenda スケジュール帳

Ejercicio 5 Minako の 1 週間の時間割を見て，質問に答えよう。
Contesta a las preguntas sobre el horario de Minako.

	lunes	martes	miércoles	jueves	viernes	sábado
1 (9:00-10:30)	Inglés			Lingüística española	Psicología	
2 (10:40-12:10)	Economía	Historia general	Inglés			
3 (13:00-14:30)		Literatura española		Español	Literatura francesa	
4 (14:40-16:10)	Español		Biología		Educación física	
5 (16:20-17:50)				Historia del arte		

Preguntas

1) ¿Cuántas clases de español tiene Minako a la semana?
2) ¿A qué hora empieza la clase de Biología?
3) ¿Qué día no hay ninguna clase?
4) ¿Cuántas clases hay los lunes?
5) ¿A qué hora termina la clase de Historia del arte?
6) ¿Desde qué hora hasta qué hora es la clase de Psicología?
7) ¿Cuántas veces tiene que ir Minako a la clase de inglés?
8) ¿Estudia Minako Literatura alemana?

下の時間割表に，自分の選択しているクラスとその時間を書き入れよう。どの時間にどの授業を取っているか，対話しよう。
Rellena tus clases y las horas en el horario. Habla con tus compañeros qué clases tomas y a qué hora empiezan.

	lunes	martes	miércoles	jueves	viernes	sábado
1 (　　)						
2 (　　)						
3 (　　)						
4 (　　)						
5 (　　)						

ngüística　言語学
güi は [gwi] と発音する。
storia del arte
美術史(→ P.14)

mpezar の活用(現在)
(él)
(ella) empieza

不規則動詞
mpezar は現在の 1 ~ 3 人称単数および 人称複数で，語幹の e が ie となる。

mana　週
ué día...?
何曜日に…？
esde qué hora...?
何時から…？
eratura alemana
ドイツ文学(→ P.14)
nguna
(＋女性名詞単数形)
ngún
(＋男性名詞単数形)
(→ P.20)

ántas veces　何回
ces < vez

Gramática 10

1. 肯定命令

1.1 tú に対する肯定命令形： 原則として，直説法現在の3人称単数形(「彼が〜する」の形)と同じ形を使います。

comer

1人称	como	comemos
2人称	comes	coméis
3人称	**come**	comen

Si él no come, **come** tú algo al menos.

1.2 tú に対する肯定命令の不規則形

hacer → **haz**	tener → **ten**	poner → **pon**
decir → **di**	ir → **ve**	venir → **ven**
salir → **sal**	ser → **sé**	

Sal de casa.
Di la verdad.

1.3 vosotros に対する肯定命令形： 不定詞の語末の -r を取り除いて -d に替えます。

hacer → **haced**	
ir → **id**	

Si queréis hacer algo, **haced** la ensalada.
Yo no voy a ir a la playa. ¡**Id** vosotros!

1.4 usted, ustedes に対する命令形： 規則動詞や語幹が変化する不規則動詞の場合，直説法現在3人称単数の語尾が -a(n) の時は -e(n) に，-e(n) の時は -a(n) とします。

不定詞	直説法現在3人称単数（複数）	usted の命令形	ustedes の命令形
trabaj**ar**	trabaj**a**(n)	trabaj**e**	trabaj**en**
volv**er**	vuelv**e**(n)	vuelv**a**	vuelv**an**
abr**ir**	abr**e**(n)	abr**a**	abr**an**

Vuelva a casa y **abra** las ventanas del salón.
Trabajen más rápido, ustedes son muy lentos.
¡**Abran** la puerta! Somos la policía.

2. 無人称の se

se + 動詞3人称単数形（se は「一般に / みんなが〜する」という時に使われる）

¿**Se puede** entrar en esta calle?
— No, no **se puede** entrar.

Vocabulario （　　）の中に適当な前置詞を入れよう。

1) (　　　　　) menudo　しばしば
2) (　　　　　) ejemplo　たとえば
3) (　　　　　) duda　きっと
4) (　　　　　) pie　立って
5) (　　　　　) nuevo　再び
6) (　　　　　) veces　時々

Lección 11 Después del fin de semana 週末の後で

Este fin de semana he ido... 週末，…に行きました

a la corrida de toros

a bailar flamenco（踊りに）
al espectáculo de flamenco（ショーに）

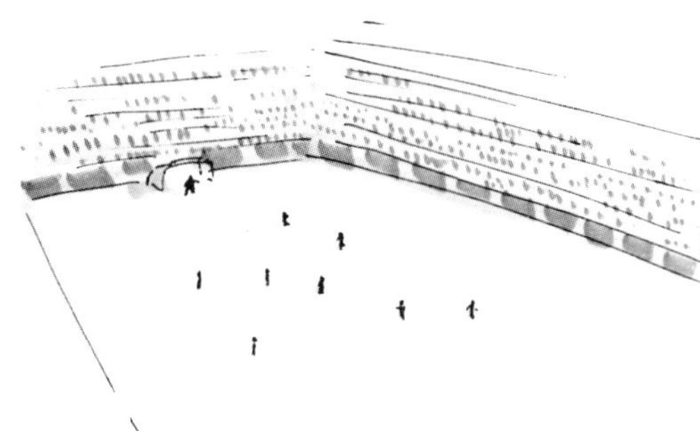

a jugar al fútbol（～をしに）
a ver un partido de fútbol（～を見に）

al Museo Picasso

a la Sagrada Familia

al Castillo de Javier

1 ¿Qué tal ha sido el fin de semana? 週末はどうでしたか？

fin *m.* de semana
週末

現在完了
haber（不規則）

he	hemos	+ 過去分詞
has	habéis	
ha	han	

（→ P.79）

過去分詞
-ar → -ado
-er, -ir → -ido

ir de compras 買い物に行く

bici *f.* 自転車（口語的）
hacer する
過去分詞は hecho（不規則）
ver 見る
過去分詞は visto（不規則）

85

DIÁLOGO 1

Hola, Manolo. ¿Qué tal ha sido el fin de semana?

¡Fantástico! He salido con mi novia.

Ejercicio 1

次の表現を用いて，上の対話をしよう。
Practica como en el DIÁLOGO 1, utilizando las expresiones siguientes.

ir al supermercado

ir de compras

montar en bici

ver exposiciones

cenar con mis amigos

cantar en el karaoke

jugar al fútbol

bailar en la discoteca

leer en la biblioteca

Ejercicio 2

週末にしたことを話そう。
Habla de lo que has hecho este fin de semana con tus compañeros.

rpiente *f.* ヘビ
mello ラクダ
emania ドイツ
(→ P.13)

nca 一度も～ない

Ejercicio 3

尋ねられたことをしたことがある学生は手をあげよう。
Levantad la mano los que hayáis hecho lo que se pregunte.

¿Quién
ha visto alguna película española?
ha tenido algún accidente de tráfico?
ha estado en América?
ha comido carne de serpiente?
ha montado en camello?
ha recibido una carta de Alemania?
ha ido a Hokkaido en tren?

2 ¿Has estado en el extranjero? 外国に行ったことがありますか？

86

DIÁLOGO 2

¿Has estado en el extranjero?
Sí, he estado en París, Francia.
¿Cuántas veces?
Dos veces. ¿Y tú?
Yo nunca.

外国へ行ったことがあるか尋ねよう。
Pregunta a tus compañeros si han estado en estos países.

España

Inglaterra

Brasil

Perú

Singapur

Italia

Estados Unidos

China

Egipto

Alemania

Francia

México

3 ¿Qué has visitado? どこを訪れましたか？

87

DIÁLOGO 3

¿Te ha gustado París?

Sí, mucho.

¿Qué has visitado?

He visitado la Torre Eiffel.

torre *f.* 塔

Ejercicio 5 次の国と観光地を使って対話をしよう。
Practica como el DIÁLOGO 3, utilizando estos países y sus lugares de interés.

pirámide *f.* ピラミッド

China
la Gran Muralla

Japón
el Monte Fuji

México
la Pirámide

Italia
el Coliseo

Estados Unidos
la Estatua de la Libertad

España
el Museo del Prado

88

Aplicación 1 ３つの対話を聞いて，Miguel, Rocío, Manuela がどこの国へ行き，何を見たか聞き取ってみよう。
Escuchamos tres diálogos. Apunta en qué país han estado Miguel, Rocío, y Manuela y qué han visto.

diálogo	行った国 ¿En qué país ha estado?	見たもの ¿Qué ha visto?
(1) Miguel		
(2) Rocío		
(3) Manuela		

itar　訪ねる

nial　すばらしい
adro 絵

vista　雑誌
n *m.* ライオン
ono　サル
ces < pez *m.* 魚
fín　*m.*　イルカ
urón *m.*　サメ

erido
（男性に対して）親愛
る
erida
（女性に対して）親愛
る
cursión
小旅行，遠足
ego
その後，それから
r último　最後に
n beso　［手紙］（愛情
込めて）キスを送り
す。親しい人に用い
れる結語。

4 ¿Qué tal ha sido la visita al museo?　美術館の訪問はいかがでしたか？

89

DIÁLOGO 4

¿Qué tal ha sido la visita al museo?

¡Genial! He visto los cuadros de Picasso.

Ejercicio 6

下の語句を使い，対話をしよう。
Practica como el DIÁLOGO 4, utilizando las expresiones siguientes.

biblioteca	leer libros / revistas / comics
zoo	ver elefantes / leones / monos
acuario	ver peces / delfines / tiburones
Barcelona	visitar la Sagrada Familia / el Parque Güell / el Estadio del Barça
Tokio	visitar la torre de Tokio / el mercado de Tsukiji

90

Aplicación 2

３つの対話を聞いて，Rafael, Paloma, Guillermo がどこへ行き，気に入ったか気に入らなかったか聞き取ってみよう。
Escuchamos tres diálogos. Adivina qué han visitado Rafael, Paloma, y Guillermo y si les han gustado.

diálogo	行った場所 ¿Qué ha visitado?	気に入った／気に入らなかった ¿Le ha gustado o no?
(1) Rafael		□ 気に入った Sí　□ 気に入らなかった No
(2) Paloma		□ 気に入った Sí　□ 気に入らなかった No
(3) Guillermo		□ 気に入った Sí　□ 気に入らなかった No

5 Carta de Machiko　マチコの手紙

91

ESCUCHA

Querida Tomoko:

Hoy es viernes y no he tenido clases. He hecho una excursión por Barcelona y he visitado la Sagrada Familia con mi profesora de español. Luego hemos ido al Parque Güell y por último hemos sacado unas fotos a la Casa Milà. Ha sido un día muy interesante.

Un beso,　　*Machiko*

Ejercicio 7 

上の手紙を読み，疑問文を作ろう。あなたも旅先でその日したことを想像して，手紙を書いてみよう。
Lee la carta y haz preguntas. Escribe tú también una carta imaginando lo que has hecho en un día de viaje.

Gramática 11

1. 過去分詞

1.1 過去分詞の作り方

1) -ar 動詞は，語尾を -ado に変えます。 habl**ar** → habl**ado**　compr**ar** → compr**ado**
2) -er, -ir 動詞は，語尾を -ido に変えます。 com**er** → com**ido**　viv**ir** → viv**ido**
3) 語幹が強母音で終わる -er, -ir 動詞の過去分詞は，-ído になります。
   cr**eer** → cr**eído**　l**eer** → l**eído**
4) 若干の不規則形もありますが，それは -er, -ir 動詞に限られます。
   abrir → **abierto**　escribir → **escrito**　romper → **roto**

2. 現在完了

2.1. 現在完了形　〈haber の現在形＋過去分詞〉の組み合わせによって作られます。haber は，主語の人称に応じて次のように活用します。

yo	**he**	nosotros	**hemos**
tú	**has**	vosotros	**habéis**
él / ella / usted	**ha**	ellos / ellas / ustedes	**han**

2.2. 用法

1) 「～したところだ」のように，現在の直前に起きた出来事を表します。
   ¡Dios mío! ¡Ya **ha empezado** a llover!
   He hablado con Beatriz hace un rato.
2) 「～したことがある」という，現在までの経験を表します。
   ¿**Ha viajado** usted por Europa?
   Nunca **hemos comido** paella.
3) 現在を含む期間内に起きた出来事を表します。
   Ha llovido mucho esta semana.
4) 過去から現在まで継続した出来事を表します。
   Hasta ahora **he vivido** con mis padres.

Vocabulario

1）～8）と a) ～ h) で関係する語を結びつけて，ペアを作ろう。

1) médico	a) taller
2) azafata	b) hospital
3) profesor	c) comisaría
4) actor	d) teatro
5) mecánico	e) avión
6) camarero	f) colegio
7) policía	g) taxi
8) taxista	h) restaurante

Lección 12 Antes de las vacaciones 休暇の前

Planes para las vacaciones　休暇中の予定

* sacarme < sacarse

1 ¿Qué vas a hacer en las vacaciones? 休暇中何をするつもりですか？

92

DIÁLOGO 1

¿Qué vas a hacer en las vacaciones de verano?

Voy a ir a la playa.

Ejercicio 1 次の表現を用いて上の対話をしよう。
Practica como el DIÁLOGO 1, utilizando las expresiones siguientes.

viajar a España

sacarme el carné de conducir

ir a la montaña

trabajar en un restaurante

2 ¿A dónde vamos en verano? 夏にはどこへ行こうか？

93

DIÁLOGO 2

¿A dónde vamos en verano?

Quiero ir a la montaña.

Me gustaría viajar a Brasil.

Vamos a visitar Okinawa.

No voy a ningún sitio.

Ejercicio 2 休暇の旅行先を話し合おう。
Habla del lugar a donde estás pensando ir.

---

ir a + 不定詞　～する予定だ，～するだろう

ir の活用（現在）
（不規則動詞）

(yo)	voy	(nosotros)	vamos
(tú)	vas	(vosotros)	vais
(él)	va	(elles)	van

（→ P.78）

playa （→ P.41）

carné *m.* de conducir　運転免許証

verano　夏

me gustaría…　私は…したいのですが
viajar　旅行する
ningún < ninguno （→ P.20）
sitio *m.*　場所

94

Aplicación 1 対話を聞いて，次の各文が正しければ V，間違っていれば F にチェックマーク（✓）を書き入れよう。
Escuchamos unos diálogos. Si las frases siguientes son correctas, marca en la casilla V. Si no, marca en la casilla F.

		V	F
diálogo 1	Carlos は友人と一緒に山へ行く。	□	□
diálogo 2	Roberto は今年の夏，出かけない。	□	□
diálogo 3	① Javier と Teresa はカナリア諸島に行ったことがない。	□	□
	② Javier はピレネーに行こうと提案している。	□	□
diálogo 4	① 2 人はアルゼンチンに行くつもりである。	□	□
	② 2 人は後で予約を入れる。	□	□

3 Nos vamos de viaje. 旅行をします

viaje *m.* 旅

95

DIÁLOGO 3

Hacemos un viaje. ¿Puedes venir?

¿A dónde vamos a ir?

A Okinawa.

¿Con quién vamos a ir?

Con mi familia.

¿Cómo vamos a ir?

En avión.

¿Cuánto tiempo vamos a estar?

Una semana.

De acuerdo.

con quién 誰と一緒に

cómo どのように (→ P.33)

cuánto tiempo どのくらいの期間

de acuerdo 了解，OK

Ejercicio 3 上の対話にならって，クラスメートと旅行について話そう。
Practica como el DIÁLOGO 3 con tus compañeros.

96

Aplicación 2 対話を聞いて，その内容に基づき，次の表の空欄に適切な語を日本語で書き入れよう。
Escuchamos tres diálogos. Rellena las casillas en la tabla siguiente.

diálogo	どこに？ ¿A dónde?	誰と？ ¿Con quién?	何を使って？ ¿En qué?	どのくらいの期間？ ¿Cuánto tiempo?
(1)		クラスの友だち con los compañeros de la clase		
(2)				10 日間 diez días
(3)	リスボン Lisboa			

4 Prefiero ir a la playa. 海に行きたいです

preferir （→ P.40）

97 **DIÁLOGO 4**

¿Prefieres ir a la playa o a la montaña?

Prefiero ir a la playa.

Ejercicio 4 

次の表現を用いて対話をしよう。
Practica como en el DIÁLOGO 4, utilizando las expresiones siguientes.

ir en coche o en tren

comer arroz o pan

beber té o cerveza

bailar tango o flamenco

estudiar o ver la televisión

jugar al fútbol o al tenis

98 **Aplicación 3**

対話を聞いて，次の各選択肢のうち，正しい方を選ぼう。
Escuchamos cinco diálogos. Elige la respuesta que sea correcta.

diálogo 1 Jorge はセビーリャに［a) 飛行機　b) 列車］で行きたい。
Jorge prefiere ir a Sevilla en [a) avión　b) tren]

diálogo 2 Ana は次の休暇に［a) カリブ海　b) カナリア諸島］に行きたい。
Ana prefiere ir [a) al Mar Caribe　b) a las Islas Canarias] en las próximas vacaciones.

diálogo 3 Miguel の娘は［a) メキシコ　b) スペイン］でスペイン語を学びたがっている。
La hija de Miguel prefiere estudiar español en [a) México　b) España].

diálogo 4 Lola は今日の午後［a) テニスをしたい　b) 家にいたい］と思っている。
Lola prefiere［a) jugar al tenis　b) estar en casa］esta tarde.

diálogo 5 女性は［a) コーヒー　b) 紅茶］を欲しがっている。
Lola prefiere［a) café　b) té］.

5 Postal desde Salamanca サラマンカからの絵葉書

ESCUCHA
99

Salamanca, 13 de mayo de 2016

Querida María:

Estoy en Salamanca desde anteayer. Me quedo en casa de un amigo mío y voy a estar una semana aquí. Hay muchos lugares históricos e interesantes. Quiero visitar también Segovia y Ávila. España es un país impresionante y la comida es deliciosa.

Un saludo,

Akira

teayer　一昨日
quedo < quedarse
滞在する
y（i で始まる語の前
来ると *e* となる）
presionante
印象的な
saludo
結語の 1 つ

Ejercicio 5 
上の絵葉書を読み，その内容に関する疑問文を作ろう。
Lee la postal y forma preguntas sobre el contenido.

Ejercicio 6 
あなたも下の写真を参考に，旅先から絵葉書を書こう。
Escribe una postal de viaje.

Gramática 12

1. 動詞 ir を用いる文

1.1 活用

	単数	複数
1 人称	voy	vamos
2 人称	vas	vais
3 人称	va	van

1.2 用法

a.「～へ行く」
Este verano **voy** a Okinawa.

b. ir + a + 動詞の不定詞：「～するつもり」
¿**Vas** a trabajar mañana?

c. vamos a + 動詞の不定詞：「～しましょう」
Vamos a hablar sobre el clima

d. ir en + 交通手段：「～に乗って行く」
Vamos en tren.

2. 前置詞句

2.1 al lado de（のそばに）：Antonio está **al lado de** Juan.
2.2 alrededor de（の周りに）：**Alrededor de** mi casa hay árboles y naturaleza.
2.3 antes de（の前に）：Parten para España **antes de** las siete de la mañana.
2.4 a partir de（～以降）：Dicen que **a partir de** este año tenemos más días de vacaciones.
2.5 a pesar de（にもかかわらず）：**A pesar de** su enfermedad, Juana se presenta al examen de ingreso.
2.6 cerca de（の近くに）：La estación de trenes está **cerca del** centro de la ciudad.
2.7 delante de（の前に）：**Delante del** edificio hay una fábrica de electrodomésticos.
2.8 detrás de（の後ろに）：Encuentran el bolso **detrás del** armario.
2.9 encima de（の上に）：**Encima de** mi casa está la clínica dental del señor García.
2.10 enfrente de（の正面に）：**Enfrente de** mi casa hay una farmacia.

Vocabulario

1) ～ 6) の動詞と a) ～ f) を組み合わせて表現を作ろう。

1) hablar 2) tocar 3) cantar 4) conducir 5) jugar 6) escribir

a) una carta b) una canción c) español d) la guitarra e) un coche f) al tenis

Apéndice　付録

1. 例にならって（　　）内に適当な文字を入れよう。
Escribe la letra correspondiente.
（例：Ejemplo）　un sacacorchos　（ b ）

1) una tostadora　(　　　)
2) un pegamento　(　　　)
3) unas tijeras　(　　　)
4) una toalla　(　　　)
5) un monedero　(　　　)
6) una aspiradora　(　　　)
7) una nevera　(　　　)
8) un sofá　(　　　)
9) un móvil　(　　　)
10) una televisión　(　　　)

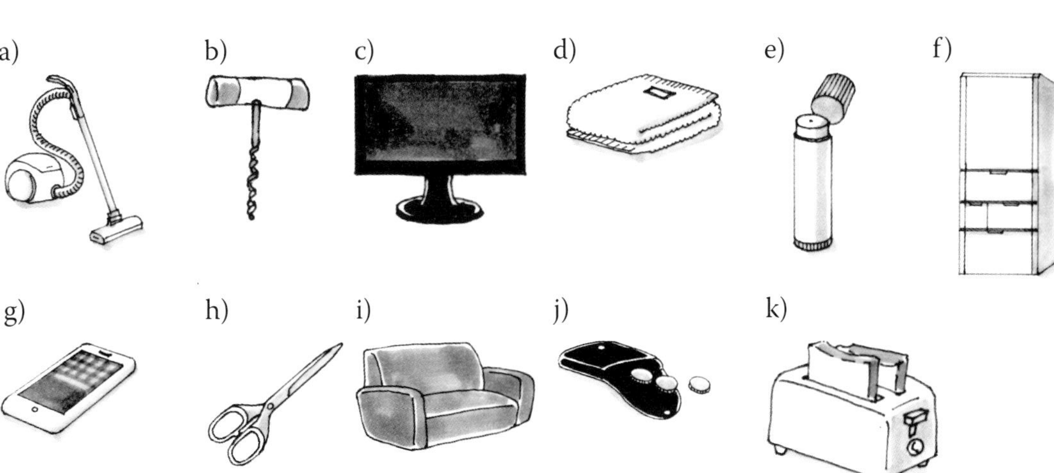

2. 絵の下にスペイン語を書こう。
Escribe debajo de cada dibujo la palabra correspondiente.

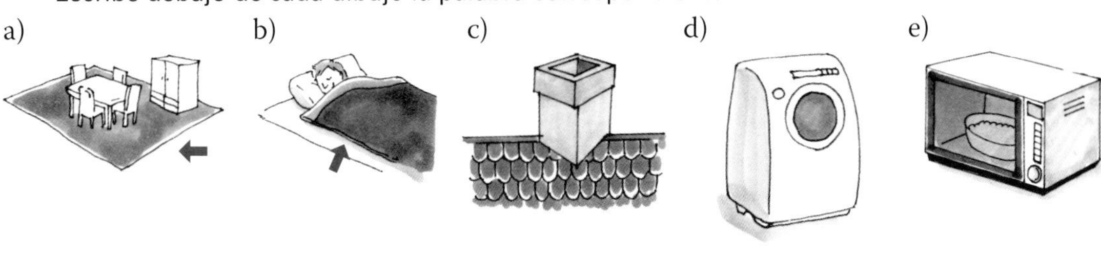

f)　g)　h)　i)　j)

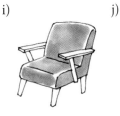

3. ペアになって、次の表現を用いて週末について話そう。

En parejas, di lo que vas a hacer este fin de semana. Utiliza las siguientes ideas.

1) levantarme tarde
2) limpiar la casa
3) hacer deporte
4) salir a cenar
5) leer el periódico
6) reunirme con amigos
7) ver la televisión
8) ir a pasear
9) ir al cine
10) hacer una fiesta

4. 線で結んで，文を作ろう。

Relaciona para completar las frases.

1) La dependienta	a) hace la comida.
2) El recepcionista	b) cuida a los enfermos.
3) La enfermera	c) fabrica muebles.
4) El carpintero	d) atiende a los pasajeros en un avión.
5) El cocinero	e) vende ropa.
6) El arquitecto	f) recibe turistas.
7) La azafata	g) diseña edificios.
8) La economista	h) dirige una empresa.

5. 次の物はどこで買えるだろう？

¿Dónde puedes comprar las siguientes cosas?

a)

b)

c)

d)

e)

f)

6. 次のような作業をしたことがあるか，クラスメートに尋ねよう。
Pregunta a tu compañero si ha hecho las siguientes tareas.

1) planchar las camisas

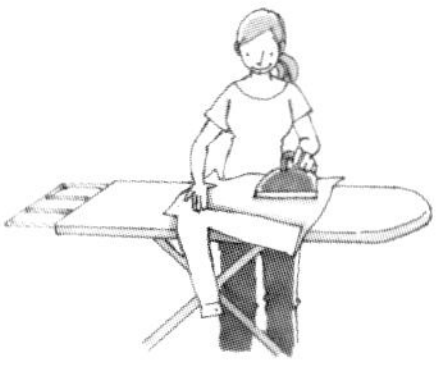

2) comprar la entrada para el fútbol

3) abrir el correo

4) comprar el periódico

5) fregar los platos

6) comprar el pan

7) llamar por teléfono

8) pasear al perro

7. 自分の 1 週間の予定を書き込もう。またその計画について話そう。
Escribe la agenda de una semana y habla con tu compañero sobre tu plan.

Lunes（月）

Martes（火）

Miércoles（水）

Jueves（木）

Viernes（金）

Sábado（土）

Domingo（日）

8. 下線部に適切な語を補って，日本文と結びつけよう。
Añade la palabra que falta.

1) 子どもは家にいる。	a) Ellos trabajan en el ________________.
2) 毎日テレビを見る。	b) Mi hija ______________ su habitación.
3) 市場に買い物に行く。	c) Vemos la ______________ todos los días
4) レストランで働いている。	d) Voy de compras al ________________.
5) 父は今週スペインに旅行する。	e) Mi padre ____________ a España esta semana.
6) 自分の部屋を片付ける。	f) Nuestro hijo está en ________________.

9. 1) - 8) の質問に対応する正しい答えを，a) - h) から選ぼう。
Relaciona la columna de las preguntas con la columna de las respuestas.

1) ¿Cómo se llama usted? (   )
2) ¿Es usted inglesa? (   )
3) ¿De dónde eres? (   )
4) ¿Cuántos años tienes? (   )
5) ¿Está casada? (   )
6) ¿Tienes hijos? (   )
7) ¿Dónde vives? (   )
8) ¿Cómo se llama tu marido? (   )

a) Sí, tengo cuatro hijos.
b) Tengo veinte años.
c) No, soy estadounidense.
d) Se llama Miguel.
e) Soy de Veracruz.
f) Vivo en la costa.
g) Me llamo Rosa Marcos Pérez.
h) No, no estoy casada.

10. porque もしくは para を用いて，文を作ろう。
Relaciona para completar las frases. Utiliza *porque* o *para*.

1) Voy al estanco
2) Necesito una aspirina
3) Entramos en el supermercado
4) Ella va a la taquilla
5) Vas a la farmacia
6) Quiero un periódico

{ **porque** / **para** }

a) necesitamos sellos para Japón.
b) comprar aspirinas.
c) comprar un billete para el autobús.
d) quiero unos melones.
e) leer las últimas noticias.
f) tengo dolor de cabeza.

動詞活用表

・本書では，現在・現在完了・肯定命令の３つの形のみが扱われています。この表でもこれらの形だけを提示します。
・赤字は不規則な形・部分を示します。
・課は初出の課および主に扱われている課を表します。

【現在】

ser (Lección 1)

	単数		複数	
1人称	yo	**soy**	nosotros/-as	**somos**
2人称	tú	**eres**	vosotros/-as	**sois**
3人称	él / ella / usted	**es**	ellos / ellas / ustedes	**son**

llamarse (Lección 1, 9)［再帰動詞］

	単数		複数	
1人称	yo	**me** llam**o**	nosotros/-as	**nos** llam**amos**
2人称	tú	**te** llam**as**	vosotros/-as	**os** llam**áis**
3人称	él / ella / usted	**se** llam**a**	ellos / ellas / ustedes	**se** llam**an**

同様のパターンの動詞：levantarse, bañarse, lavarse, afeitarse

vivir (Lección 3)

	単数		複数	
1人称	yo	viv**o**	nosotros/-as	viv**imos**
2人称	tú	viv**es**	vosotros/-as	viv**ís**
3人称	él / ella / usted	viv**e**	ellos / ellas / ustedes	viv**en**

同様のパターンの動詞：escribir

estudiar (Lección 3)

	単数		複数	
1人称	yo	estudi**o**	nosotros/-as	estudi**amos**
2人称	tú	estudi**as**	vosotros/-as	estudi**áis**
3人称	él / ella / usted	estudi**a**	ellos / ellas / ustedes	estudi**an**

同様のパターンの動詞：hablar

aprender (Lección 3)

	単数		複数	
1人称	yo	aprend**o**	nosotros/-as	aprend**emos**
2人称	tú	aprend**es**	vosotros/-as	aprend**éis**
3人称	él / ella / usted	aprend**e**	ellos / ellas / ustedes	aprend**en**

同様のパターンの動詞：comer, comprender, leer

hacer (Lección 3)　［1人称単数が不規則になる動詞］

	単数		複数	
1人称	yo	**hago**	nosotros/-as	hacemos
2人称	tú	haces	vosotros/-as	hacéis
3人称	él / ella / usted	hace	ellos / ellas / ustedes	hacen

estar (Lección 3, 4)

	単数		複数	
1 人称	yo	**estoy**	nosotros/-as	**estamos**
2 人称	tú	**estás**	vosotros/-as	**estáis**
3 人称	él / ella / usted	**está**	ellos / ellas / ustedes	**están**

tener (Lección 3, 6)　［1 人称単数が不規則になり，かつ，語幹母音が変化する動詞］

	単数		複数	
1 人称	yo	**tengo**	nosotros/-as	tene**mos**
2 人称	tú	tienes	vosotros/-as	ten**éis**
3 人称	él / ella / usted	tiene	ellos / ellas / ustedes	tien**en**

同様のパターンの動詞：venir

ir (Lección 4, 12)

	単数		複数	
1 人称	yo	**voy**	nosotros/-as	**vamos**
2 人称	tú	**vas**	vosotros/-as	**vais**
3 人称	él / ella / usted	**va**	ellos / ellas / ustedes	**van**

querer (Lección 5)　［語幹母音が e から ie に変化する動詞］

	単数		複数	
1 人称	yo	quiero	nosotros/-as	queremos
2 人称	tú	quieres	vosotros/-as	queréis
3 人称	él / ella / usted	quiere	ellos / ellas / ustedes	quieren

同様のパターンの動詞：preferir, empezar

medir (Lección 8)　［語幹母音が e から i に変化する動詞］

	単数		複数	
1 人称	yo	mid**o**	nosotros/-as	med**imos**
2 人称	tú	mid**es**	vosotros/-as	med**ís**
3 人称	él / ella / usted	mid**e**	ellos / ellas / ustedes	mid**en**

同様のパターンの動詞：seguir

volver (Lección 9)　［語幹母音が o から ue に変化する動詞］

	単数		複数	
1 人称	yo	vuelv**o**	nosotros/-as	volv**emos**
2 人称	tú	vuelv**es**	vosotros/-as	volv**éis**
3 人称	él / ella / usted	vuelv**e**	ellos / ellas / ustedes	vuelv**en**

同様のパターンの動詞：acostarse, costar

jugar (Lección 9)　［語幹母音が u から ue に変化する動詞］

	単数		複数	
1 人称	yo	jueg**o**	nosotros/-as	jug**amos**
2 人称	tú	jueg**as**	vosotros/-as	jug**áis**
3 人称	él / ella / usted	jueg**a**	ellos / ellas / ustedes	jueg**an**

このパターンを示す動詞は jugar のみ。

【現在完了】

現在完了形の作り方 (Lección 11)

haber（現在）＋ 過去分詞

haber の現在形

	単数		複数	
1 人称	yo	**he**	nosotros/-as	**hemos**
2 人称	tú	**has**	vosotros/-as	**habéis**
3 人称	él / ella / usted	**ha**	ellos / ellas / ustedes	**han**

〈過去分詞〉

-ar → **-ado** estudiar → estudi**ado**

-er / -ir → **-ido** aprender → aprend**ido**

vivir → viv**ido**

不規則な過去分詞の例 ver → **visto**

escribir → **escrito**

現在完了の活用の例

estudiar

	単数		複数	
1 人称	yo	he estudiado	nosotros/-as	hemos estudiado
2 人称	tú	has estudiado	vosotros/-as	habéis estudiado
3 人称	él / ella / usted	ha estudiado	ellos / ellas / ustedes	han estudiado

【肯定命令】 (Lección 10)

［規則活用］

-ar 動詞 trabajar

	単数		複数	
1 人称			nosotros/-as	trabaj**emos**
2 人称	tú	trabaj**a**	vosotros/-as	trabaj**ad**
3 人称	usted	trabaj**e**	ustedes	trabaj**en**

1 人称単数 (yo) に対する命令形はありません。
1 人称複数 (nosotros/-as) に対する命令形は「～しましょう」のような誘いかけの意味になります。

-er 動詞 comer

	単数		複数	
1 人称			nosotros/-as	com**amos**
2 人称	tú	com**e**	vosotros/-as	com**ed**
3 人称	usted	com**a**	ustedes	com**an**

-ir 動詞 abrir

	単数		複数	
1 人称			nosotros/-as	abr**amos**
2 人称	tú	abr**e**	vosotros/-as	abr**id**
3 人称	usted	abr**a**	ustedes	abr**an**

［不規則活用］

(1) 語幹母音変化動詞 (-ar 動詞 , -er 動詞)

contar（数える，物語る）

	単数		複数	
1人称			nosotros/-as	cont**emos**
2人称	tú	cuent**a**	vosotros/-as	cont**ad**
3人称	usted	cuent**e**	ustedes	cuent**en**

encender（［火や明かりを］つける）

	単数		複数	
1人称			nosotros/-as	encend**amos**
2人称	tú	enciend**e**	vosotros/-as	encend**ed**
3人称	usted	enciend**a**	ustedes	enciend**an**

-ar 動詞や -er 動詞の語幹母音変化動詞では，現在形と同じところで語幹母音変化が起こります。

(2) 語幹母音変化動詞 (-ir 動詞)

pedir（頼む）

	単数		複数	
1人称			nosotros/-as	pid**amos**
2人称	tú	pid**e**	vosotros/-as	ped**id**
3人称	usted	pid**a**	ustedes	pid**an**

-ar 動詞や -er 動詞の語幹母音変化動詞では，現在形と同じところに加え，1 人称複数 (nosotros/-as) でも語幹母音変化が起こります。

(3) その他の主な不規則動詞

decir

	単数		複数	
1人称			nosotros/-as	**digamos**
2人称	tú	**di**	vosotros/-as	dec**id**
3人称	usted	**diga**	ustedes	**digan**

hacer

	単数		複数	
1人称			nosotros/-as	**hagamos**
2人称	tú	**haz**	vosotros/-as	hac**ed**
3人称	usted	**haga**	ustedes	**hagan**

poner

	単数		複数	
1人称			nosotros/-as	**pongamos**
2人称	tú	**pon**	vosotros/-as	pon**ed**
3人称	usted	**ponga**	ustedes	**pongan**

salir

	単数		複数	
1人称			nosotros/-as	**salgamos**
2人称	tú	**sal**	vosotros/-as	sal**id**
3人称	usted	**salga**	ustedes	**salgan**

tener

	単数		複数	
1人称			nosotros/-as	**tengamos**
2人称	tú	**ten**	vosotros/-as	ten**ed**
3人称	usted	**tenga**	ustedes	**tengan**

venir

	単数		複数	
1人称			nosotros/-as	**vengamos**
2人称	tú	**ven**	vosotros/-as	ven**id**
3人称	usted	**venga**	ustedes	**vengan**

ser

	単数		複数	
1人称			nosotros/-as	**seamos**
2人称	tú	**sé**	vosotros/-as	se**d**
3人称	usted	**sea**	ustedes	**sean**

ir

	単数		複数	
1人称			nosotros/-as	**vamos, vayamos**
2人称	tú	**ve**	vosotros/-as	**id**
3人称	usted	**vaya**	ustedes	**vayan**

語彙集

男性名詞	*n.m.*	他動詞	*v.t.*	副詞	*adv.*
女性名詞	*n.f.*	自動詞	*v.i.*	前置詞	*prep.*
固有名詞	*n.pr.*	再帰動詞	*v.ref.*	代名詞	*pron.*
冠詞	*art.*	所有形容詞	*a.pos.*	接続詞	*conj.*
複数形	*pl.*	形容詞	*a.*	間投詞	*interj.*
疑問詞	*int.*	表現	*exp.*		

A

a	*prep.*	〜に，〜へ
abogado/da	*n.m./f.*	弁護士
abrigo	*n.m.*	コート
abrir	*v.t.*	開ける
abuela	*n.f.*	祖母
abuelo	*n.m.*	祖父
abuelos	*n.m.pl.*	祖父母
abundante	*a.*	豊富な
accidente	*n.m.*	事故
aceite	*n.m.*	油
aceituna	*n.f.*	オリーブの実
acostarse	*v.ref.*	寝る，横になる
acrílico	*n.m.*	アクリル
actor	*n.m.*	俳優
actriz	*n.f.*	女優
acuerdo	*n.m.*	同意
De acuerdo.		了解，OK
además	*adv.*	そのうえ
adiós	*interj.*	さようなら
aeropuerto	*n.m.*	空港
afeitarse	*v.ref.*	ひげを剃る
afición	*n.f.*	趣味
agenda	*n.f.*	スケジュール帳
agricultor/tora	*n.m./f.*	農民
agua	*n.f.*	水【単数形の定冠詞は el】
agua mineral	*n.f.*	ミネラルウォーター
agua sin gas	*n.f.*	ガスなしウォーター
ajo	*n.m.*	ニンニク
ajustado/da	*a.*	ぴったり合った
alemán	*n.m.*	ドイツ語
alemán/mana	*a., n.m./f.*	ドイツの，ドイツ人
Alemania	*n.pr.*	ドイツ
algodón	*n.m.*	綿
almacén	*n.m.*	倉庫
grandes almacenes	*n.m.pl.*	デパート
almeja	*n.f.*	二枚貝
almuerzo	*n.m.*	昼食
alquiler	*n.m.*	賃貸
alto/ta	*a.*	高い，背が高い
alumno/na	*n.m./f.*	生徒
amable	*a.*	親切な
ambulancia	*n.f.*	救急車
amigo/ga	*n.m./f.*	友人
amo/ma de casa	*n.m./f.*	主夫／主婦
ancho/cha	*a*	広い
angula	*n.f.*	ウナギの稚魚
anteayer	*adv.*	一昨日
anticuado/da	*a.*	古くさい，時代遅れの
antiguo/gua	*a.*	古い
antropología	*n.f.*	人類学
año	*n.m.*	年，歳
¿Cuántos años tiene(s)?		何歳ですか？
Tengo...años.	*exp.*	私は…歳です。
aparcamiento	*n.m.*	駐車場
aparcar	*v.t.*	駐車する
aplicación	*n.f.*	応用
aprender	*v.t.*	学ぶ
aquel	*a., pron.*	あの【指示形容詞（男性形）】，あれ【指示代名詞（男性形）】
aquella	*a., pron.*	あの【指示形容詞（女性形）】，あれ【指示代名詞（女性形）】
aquello	*pron.*	あれ【指示代名詞(中性)】
aquí	*adv.*	ここ
árbol	*n.m.*	木
Argentina	*n.pr.*	アルゼンチン
armario	*n.m.*	洋服だんす
arquitecto/ta	*n.m./f.*	建築家
arquitectura	*n.f.*	建築（学）
arroz	*n.m.*	米
arte	*n.m.*	芸術【美術 bellas artes は *n.f.pl.*】
aspiradora	*n.f.*	電気掃除機
aspirina	*n.f.*	解熱鎮痛剤
atún	*n.m.*	マグロ
auditorio	*n.m.*	観客，講堂
aula	*n.f.*	教室【単数形の定冠詞は el】
autobús	*n.m.*	バス
autopista	*n.f.*	高速道路
avión	*n.m.*	飛行機
ayer	*adv.*	昨日
azúcar	*n.m.*	砂糖
azul	*a.*	青い
azafato/ta	*n.m./f.*	キャビンアテンダント

B

bacalao	*n.m.*	タラ
bajo/ja	*a.*	低い，背が低い
balcón	*n.m.*	バルコニー
banco	*n.m.*	銀行
bañarse	*v.ref.*	入浴する
bar	*n.m.*	バル
barato/ta	*a.*	安い
barba	*n.f.*	あごひげ
beber	*v.t., v.i.*	飲む
bebida	*n.f.*	飲み物
biblioteca	*n.f.*	図書館
bici(cleta)	*n.f.*	自転車
bien	*adv.*	上手に
bigote	*n.m.*	口ひげ
billete	*n.m.*	切符，紙幣
biología	*n.f.*	生物学
beso	*n.m.*	キス
bocadillo	*n.m.*	ボカディーリョ（小型フランスパンのサンドイッチ）
bolígrafo	*n.m.*	ボールペン
bolso	*n.m.*	ハンドバッグ
bollo	*n.m.*	菓子パン
bombero/ra	*n.m./f.*	消防士
bonito/ta	*a.*	かわいい
botón	*n.m.*	ボタン
bueno/na	*a.*	よい

C

caballo	*n.m.*	馬
cabeza	*n.f.*	頭
cada	*a.*	それぞれの
café	*n.m.*	コーヒー
café con leche	*n.m.*	カフェオレ
café solo	*n.m.*	エスプレッソ
cafetería	*n.f.*	喫茶店
calamar	*n.m.*	イカ
calcetín	*n.m.*	靴下
calor	*n.m.*	暑さ
calle	*n.f.*	通り
cama	*n.f.*	ベッド
cámara	*n.f.*	カメラ
camarero/ra	*n.m./f.*	ウェイター／ウェイトレス
camello	*n.m.*	ラクダ
camisa	*n.f.*	シャツ
camiseta	*n.f.*	T シャツ
campo	*n.m.*	グラウンド
cancha	*n.f.*	（テニスなどの）コート
canción	*n.f.*	歌
cansado/da	*a.*	疲れている
cantar	*v.t.*	歌う
caracol	*n.m.*	カタツムリ
carne	*n.f.*	肉
carné de conducir	*n.m.*	運転免許証
caro/ra	*a.*	（値段が）高い
carpintero/ra	*n.m./f.*	大工
carretera	*n.f.*	道路
carta	*n.f.*	手紙
cartera	*n.f.*	札入れ，書類カバン
cartero/ra	*n.m./f.*	郵便配達人
casa	*n.f.*	家
casado/da	*a.*	既婚の
castillo	*n.m.*	城
catorce	*n.m., a*	14
cava	*n.f.*	スパークリングワイン
cebolla	*n.f.*	タマネギ
cena	*n.f.*	夕食
cenar	*v.i., v.t.*	夕食をとる
centro	*n.m.*	繁華街，（町の）中心
cerca (de...)	*adv.*	（…の）近くに
cerdo	*n.m.*	ブタ
cereza	*n.f.*	さくらんぼ
cero	*n.m., a.*	0（ゼロ）
cerveza	*n.f.*	ビール
césped	*n.m.*	芝生
champiñón	*n.m.*	マッシュルーム
chándal	*n.m.*	スウェット
chaqueta	*n.f.*	上着
chica	*n.f.*	女の子
China	*n.pr.*	中国
chino	*n.m.*	中国語
chino/na	*a., n.m./f.*	中国の，中国人
chocolate	*n.m.*	チョコレート
churro	*n.m.*	チュロス
ciclismo	*n.m.*	自転車競技
cielo	*n.m.*	空
cien	*n.m., a.*	100
cinco	*n.m., a.*	5
cine	*n.m.*	映画館，映画
cinturón	*n.m.*	ベルト
clase	*n.f.*	授業
clásico	*a.*	古典的な
clima	*n.m.*	気候
clínica	*n.f.*	クリニック
cocina	*n.f.*	料理，台所，コンロ
cocinar	*v.t.*	料理する
cocinero/ra	*n.m./f.*	料理人
coche	*n.m.*	車
col	*n.f.*	キャベツ
Colombia	*n.pr.*	コロンビア
color	*n.m.*	色
collar	*n.m.*	ネックレス
comedor	*n.m.*	食堂，ダイニング
comer	*v.t.*	食べる
comercio	*n.m.*	商い，商学
comida	*n.f.*	食べ物
comida española	*n.f.*	スペイン料理
comisaría	*n.f.*	警察署
cómo	*int.*	どのように
compañero/ra	*n.m./f.*	仲間

compra	*n.f.*	買い物
ir de compras	*exp.*	買い物に行く
hacer la compra	*exp.*	買い物をする
comprar	*v.t.*	買う
comprender	*v.t.*	理解する
No comprendo.	*exp.*	理解できません。わかりません。
con	*prep.*	～と（一緒に）
conducir	*v.t., v.i.*	運転する
conductor/tora	*n.m./f.*	運転手
confirmar	*v.t.*	確かめる，確認する
contestar	*v.t., v.i.*	答える
corbata	*n.f.*	ネクタイ
cordero	*n.m.*	子羊
correo	*n.m.*	郵便
corresponder	*v.i., v.t.*	応える
corto/ta	*a.*	短い
costa	*n.f.*	海岸
croissant	*n.m.*	クロワッサン
cuaderno	*n.m.*	ノート
cuadro	*n.m.*	絵
cuál	*int.*	どれ，何
cuándo	*int.*	いつ
cuánto	*int.*	どのくらい
¿Cuánto tiempo tarda?	*exp.*	どのくらいの時間がかかりますか？
cuarto	*n.m.*	15 分
cuatro	*n.m., a.*	4
cuchara	*n.f.*	スプーン
cuenta	*n.f.*	勘定
cuero	*n.m.*	革
cumpleaños	*n.m.*	誕生日【単複同形】

D

de	*prep.*	～の，～から，～からできた，～出身の
debajo (de...)	*adv.*	（…の）下に
deberes	*n.m.pl.*	宿題
decir	*v.t.*	言う
dejar	*v.t.*	貸す，置いておく
delante (de...)	*adv.*	（…の）前に
delfín	*n.m.*	イルカ
delgado/da	*a.*	やせた
delicioso/sa	*a.*	おいしい
dentro (de...)	*adv.*	（…の）中に
dependiente/ta	*n.m./f.*	店員
deporte	*n.m.*	スポーツ
derecho	*n.m.*	法律，法学
derecho/cha	*a.*	右の
a la derecha (de...)	*exp.*	（…の）右側に
desde	*prep.*	～から
desear	*v.t.*	望む
¿Qué desea usted?	*exp.*	何になさいますか？
desayunar	*v.i., v.t.*	朝食をとる
desayuno	*n.m.*	朝食
desierto	*n.m.*	砂漠
despacho	*n.m.*	研究室，事務室
detrás (de...)	*adv.*	（…）の後ろに
día	*n.m.*	1 日，日，昼間
diálogo	*n.m.*	対話
dibujo	*n.m.*	デッサン，イラスト
diccionario	*n.m.*	辞書
diez	*n.m., a.*	10
discoteca	*n.f.*	ディスコ
doce	*n.m., a.*	12
dolor	*n.m.*	痛み
domingo	*n.m.*	日曜日
dormir	*v.i.*	眠る
dónde	*int.*	どこ
¿A dónde?	*exp.*	どこに，どこへ
¿Dónde está ...?	*exp.*	…はどこにありますか？
dos	*n.m., a.*	2
dulce	*a.*	甘い

E

economía	*n.f.*	経済学
económico/ca	*a.*	お得な
economista	*n.m./f.*	エコノミスト
edificio	*n.m.*	建物，ビルディング
ejemplo	*n.m.*	例
ejercicio	*n.m.*	練習，運動
el	*art.*	【定冠詞（男性単数形）】
él	*pron.*	彼は【主格代名詞】
elefante	*n.m.*	象
elegir	*v.t.*	選ぶ
ella	*pron.*	彼女は【主格代名詞】
ellas	*pron.*	彼女たちは【主格代名詞】
ellos	*pron.*	彼らは【主格代名詞】
empezar	*v.t.*	始める
empleado/da	*n.m./f.*	従業員
empresa	*n.f.*	企業，会社
empresariales	*n.m.pl.*	経営学
en	*prep.*	～で，～に，～において，［時間］の後に
encima (de...)	*adv.*	（…の）上に
encontrar	*v.t.*	見つける
enfermedad	*n.f.*	病気
enfermero/ra	*n.m./f.*	看護師
enfermería	*n.f.*	看護学，保健室
escritor/ra	*n.m./f.*	作家
ensalada	*n.f.*	サラダ
ensalada mixta	*n.f.*	ミックスサラダ
enseñar	*v.t.*	教える
entrada	*n.f.*	入場券
entrar	*v.i.*	入る
entregar	*v.t.*	提出する
esa	*a., pron.*	その【指示形容詞（女性形）】，それ【指示代名詞（女性形）】
escribir	*v.t.*	書く
escuchar	*v.t.*	聴く
escuela	*n.f.*	学校

escuela de idiomas	*n.f.*	語学学校
ese	*a., pron.*	その【指示形容詞（男性形）】，それ【指示代名詞（男性形）】
eso	*pron.*	それ【指示代名詞（中性）】
España	*n.pr.*	スペイン
español	*n.m.*	スペイン語
español/la	*a., n.m./f.*	スペインの，スペイン人
espárrago	*n.m.*	アスパラガス
especialización	*n.f.*	専攻，専門
espectáculo	*n.m.*	ショー
esposo/sa	*n.m./f.*	夫／妻
esposos	*n.m.pl.*	夫妻
esta	*a., pron.*	この【指示形容詞（女性形）】，これ【指示代名詞（女性形）】
establecimiento	*n.m.*	施設
estación	*n.f.*	駅
estadio	*n.m.*	競技場，スタジアム
Estados Unidos	*n.pr.*	アメリカ合衆国
estanco	*n.m.*	タバコ屋
estar	*v.i.*	いる，ある
estas	*a.*	この人たち，これら【指示形容詞（女性複数）】
estantería	*n.f.*	本棚
este	*a., pron.*	この【指示形容詞（男性形）】，これ【指示代名詞（男性形）】
esto	*pron.*	これ【指示代名詞（中性）】
estos	*a.*	この人たち，これら【指示形容詞（男性複数，男女複数）】
estrecho/cha	*a.*	狭い
estuche	*n.m.*	ケース，ペンケース
estudiante	*n.m./f.*	学生
estudiar	*v.i., v.t.*	勉強する
euro	*n.m.*	ユーロ（通貨）
examen	*n.m.*	試験
excelente	*a.*	すばらしい
excursión	*n.f.*	遠足，小旅行
exposición	*n.f.*	展覧会，展示会
extranjero/ra	*a., n.m./f.*	外国の，外国（人）

F

fábrica	*n.f.*	工場
fabricar	*v.t.*	製造する
facultad	*n.f.*	学部
falda	*n.f.*	スカート
familia	*n.f.*	家族
fantástico/ca	*a.*	すばらしい
farmacia	*n.f.*	薬局，薬学
fiesta	*n.f.*	パーティ
filosofía	*n.f.*	哲学
fin	*n.m.*	終わり
fin de semana		週末
final	*a.*	最後の
al final de...	*exp.*	…のつきあたりに
física	*n.f.*	物理学
flamenco	*n.m.*	フラメンコ
flan	*n.m.*	プリン
foto	*n.f.*	写真
francés	*n.m.*	フランス語
francés/cesa	*a., n.m./f.*	フランスの，フランス人
Francia	*n.pr.*	フランス
frase	*n.f.*	語句，文
fregar	*v.t.*	（食器などを）洗う
fresa	*n.f.*	いちご
frío	*n.m.*	寒さ
fruta	*n.f.*	果物
fumar	*v.i.*	タバコを吸う
funcionario/ria	*n.m./f.*	公務員
fútbol	*n.m.*	サッカー
futbolista	*n.m./f.*	サッカー選手

G

gafas	*n.f.pl.*	めがね
galleta	*n.f.*	ビスケット
gamba	*n.f.*	（小型の）エビ
garaje	*n.m.*	ガレージ
gastronomía	*n.f.*	料理法
gato	*n.m.*	猫
gazpacho	*n.m.*	ガスパチョ
genial	*a.*	天才的な，すばらしい
gimnasio	*n.m.*	体育館
golf	*n.m.*	ゴルフ
goma	*n.f.*	消しゴム
Gómez	*n.pr.*	（姓）ゴメス
González	*n.pr.*	（姓）ゴンサレス
gordo/da	*a.*	太った
gorra	*n.f.*	（ひさしのついた）帽子
grande	*a.*	大きい
gracias	*interj.*	ありがとう
guante	*n.m.*	手袋
guindilla	*n.f.*	トウガラシ
guitarra	*n.f.*	ギター
gustar	*v.i*	～が好きだ
Me gustaría...	*exp.*	（私は）…したいのですが

H

habitación	*n.f.*	部屋
hablar	*v.t.*	話す
hacer	*v.t.*	する，作る
hambre	*n.f.*	空腹【単数形の定冠詞は el】
hasta	*prep.*	～まで
hay	*v.t.*	～がある＜ haber
helado	*n.m.*	アイスクリーム
hermano/na	*n.m./f.*	兄弟／姉妹
hijo/ja	*n.m./f.*	息子／娘
hola	*interj.*	やあ
hombre	*n.m.*	男性
hora	*n.f.*	時間
¿Qué hora es?	*exp.*	（今）何時ですか？
¿A qué hora...?	*exp.*	何時に…ですか？
horno	*n.m.*	オーブン

horquilla	*n.f.*	ヘアピン
hospital	*n.m.*	病院
hostelería	*n.f.*	ホテル経営(学), ホテル業
hotel	*n.m.*	ホテル
huevo	*n.m.*	卵

I

idioma	*n.m.*	言語
iglesia	*n.f.*	教会
impresionante	*a.*	印象的な
informática	*n.f.*	情報科学
informático/ca	*n.m./f.*	IT エンジニア
ingeniería	*n.f.*	工学
ingeniero/ra	*n.m./f.*	技師
Inglaterra	*n.pr.*	イギリス
inglés	*n.m.*	英語
inglés/glesa	*a., n.m./f.*	イギリスの, イギリス人
instrumento musical	*n.m.*	楽器
inteligente	*a.*	頭のいい
interesante	*a.*	興味深い
invierno	*n.m.*	冬
ir	*v.i.*	行く
ir a +不定詞	*exp.*	～する予定だ, ～するだろう
italiano	*n.m.*	イタリア語
italiano/na	*a., n.m./f.*	イタリアの, イタリア人
izquierdo/da	*a.*	左の
a la izquierda (de...)	*exp.*	(…の) 左側に

J

jamón	*n.m.*	ハム
Japón	*n.pr.*	日本
japonés	*n.m.*	日本語
japonés/nesa	*a., n.m./f.*	日本の, 日本人
jardín	*n.m.*	庭
jersey	*n.m.*	セーター
jerez	*n.m.*	シェリー酒
jueves	*n.m.*	木曜日
jugar	*v.i.*	遊ぶ, (球技などを) する

L

la	*art.*	【定冠詞女性単数形】
lado	*n.m.*	側 (がわ)
al lado (de...)	*exp.*	(…の) そばに
lana	*n.f.*	ウール, 羊毛
lápiz	*n.m.*	鉛筆
largo/ga	*a.*	長い
lavadora	*n.f.*	洗濯機
lavarse	*v.ref.*	(体を) 洗う
lavavajillas	*n.m.*	食洗機 【単複同形】
le	*pron.*	彼に, 彼女に, あなたに 【間接目的格代名詞】
lección	*n.f.*	課
lechuga	*n.f.*	レタス
leer	*v.t.*	読む
legumbre	*n.f.*	豆類
lejos (de...)	*adv.*	(…から) 遠くに
lengua	*n.f.*	言語
león	*n.m.*	ライオン
levantarse	*v.ref.*	起きる
ley	*n.f.*	法律
librería	*n.f.*	書店
libro	*n.m.*	本
libro de texto	*n.m.*	教科書
ligero/ra	*a.*	軽い
limón	*n.m.*	レモン
limpiar	*v.t.*	掃除する
limpio/pia	*a.*	清潔な
lingüística	*n.f.*	言語学
liso/sa	*a.*	直毛の
literatura	*n.f.*	文学
llamar	*v.t.*	呼ぶ, 電話する
llamarse	*v.ref.*	～という名前である
llegar	*v.i.*	到着する
llevar	*v.t.*	運ぶ, 持っている, 身につけている
llave	*n.f.*	鍵
llover	*v.i.*	雨が降る
lo	*pron.*	彼を, それを【直接目的格代名詞 (男性単数形)】
luego	*adv.*	後で
Luis	*n.pr.*	(名前) ルイス
lunes	*n.m.*	月曜日

M

madre	*n.f.*	母
Madrid	*n.pr.*	マドリード
madrugada	*n.f.*	深夜, 未明
de la madrugada	*exp.*	深夜の, 未明の
mal	*adv.*	悪い
mano	*n.f.*	手
mañana	*n.f.*	朝
de la mañana	*exp.*	午前の
mañana	*adv.*	明日
Hasta mañana.	*exp.*	また明日。
manga	*n.f.*	袖
manzana	*n.f.*	りんご
mapa	*n.m.*	地図
mar	*n.m.*	海
marido	*n.m.*	夫
marisco	*n.m.*	海産物
marrón	*a.*	栗色の
martes	*n.m.*	火曜日
más	*a., adv.*	より多くの【mucho の比較級】
matemáticas	*n.f.pl.*	数学
me	*pron.*	私を【直接目的格代名詞】, 私に【間接目的格代名詞】
mecánico/ca	*n.m./f.*	整備士
mediodía	*n.m.*	正午
media	*n.f.*	半, 30 分
medicina	*n.f.*	薬, 医学

médico/ca	*n.m./f.*	医師
medir	*v.t.*	測る，（～位）寸法がある
mejillón	*n.m.*	ムール貝
melón	*n.m.*	メロン
melocotón	*n.m.*	桃
menos	*a., adv.*	より少なく【pocoの比較級】
mercado	*n.m.*	市場
mes	*n.m.*	月（期間）
mesa	*n.f.*	机，テーブル
metro	*n.m.*	地下鉄
México	*n.pr.*	メキシコ
mi	*a.*	私の【所有形容詞】
miembro	*n.m*	メンバー
miércoles	*n.m.*	水曜日
mil	*n.m., a.*	1000
minifalda	*n.f.*	ミニスカート
minuto	*n.m.*	分
mochila	*n.f.*	リュックサック
moderno/na	*a.*	モダンな
monedero	*n.m.*	小銭入れ，財布
mono	*n.m.*	サル
montaña	*n.f.*	山
montar	*v.i.*	乗る
moto	*n.f.*	バイク
móvil	*n.m.*	携帯電話
mucho/cha	*a.*	多くの，たくさんの
mucho	*adv.*	とても
mueble	*n.m.*	家具
mujer	*n.f.*	女性，妻
mundo	*n.m.*	世界
museo	*n.m.*	美術館，博物館
música	*n.f.*	音楽
muy	*adv.*	とても，非常に

N

nacionalidad	*n.f.*	国籍
nada	*pron., adv.*	何もない，まったく～ない
naranja	*n.f.*	オレンジ
natación	*n.f.*	水泳
naturaleza	*n.f.*	自然
naturalmente	*adv.*	もちろん
negro/ra	*a.*	黒い
nevera	*n.f.*	冷蔵庫
no	*interj.*	いいえ
noche	*n.f.*	夜
de la noche	*exp.*	夜の
nombre	*n.m.*	名前
normalmente	*adv.*	通常は
nos	*pron.*	私たちを【直接目的格代名詞】，私たちに【間接目的格代名詞】
nosotros/tras	*pron.*	私たちは【主格人称代名詞】
noticia	*n.f.*	ニュース
novio/via	*n.m./f.*	恋人
nuestro/tra	*a.*	私たちの【所有形容詞】
nueve	*n.m., a.*	9
nuevo/va	*a.*	新しい
número	*n.m.*	数字，番号
número de teléfono	*n.m.*	電話番号
nunca	*adv.*	決して～ない，一度も～ない

O

o	*conj.*	あるいは，または
ocho	*n.m., a.*	8
oficial	*a.*	正式な
oficina	*n.f.*	オフィス
oír	*v.i., v.t.*	聞こえる
ojo	*n.m.*	目
once	*n.m., a.*	11
ondulado/da	*a.*	ウェーブのかかった
oración	*n.f.*	文
ordenador	*n.m.*	コンピューター
os	*pron.*	君たちを【直接目的格代名詞】，君たちに【間接目的格代名詞】
oscuro/ra	*a.*	暗い
otoño	*n.m.*	秋

P

padre	*n.m.*	父親
padres	*n.m.pl.*	両親
paella	*n.f.*	パエリャ
pagar	*v.t.*	支払う
página	*n.f.*	ページ
país	*n.m.*	国
pan	*n.m.*	パン
panadería	*n.f.*	パン屋
pantalónes	*n.m.pl.*	ズボン
pañuelo	*n.m.*	ハンカチ
papelera	*n.f.*	ごみ箱
papelería	*n.f.*	文房具店
para	*prep.*	～のために
parada	*n.f.*	停留所
paraguas	*n.m.*	傘【単複同形】
París	*n.pr.*	パリ
parque	*n.m.*	公園
párrafo	*n.m.*	段落，パラグラフ
partido	*n.m.*	試合
pasador	*n.m.*	ネクタイピン
pasajero/ra	*n.m./f.*	乗客
pasear	*v.i.*	散歩する
paseo	*n.m.*	通り，散歩
patata	*n.f.*	ジャガイモ
patio	*n.m.*	中庭
pedagogía	*n.f.*	教育学
pegamento	*n.m.*	のり
peineta	*n.f.*	飾りくし
película	*n.f.*	映画
pelo	*n.m.*	髪の毛
pendiente	*n.m.*	イヤリング
pequeño/na	*a.*	小さい
perder	*v.t.*	失う

perdón	*interj.*	すみません
periódico	*n.m.*	新聞
periodismo	*n.m.*	ジャーナリズム
periodista	*n.m./f.*	ジャーナリスト
pero	*conj.*	しかし
perro/rra	*n.m./f.*	犬
persona	*n.f.*	人物
personaje	*n.m.*	登場人物
Perú	*n.pr.*	ペルー
pescado	*n.m.*	魚（食品）
pez	*n.m.*	魚（生き物）
piano	*n.m.*	ピアノ
pie	*n.m.*	足
a pie	*exp.*	歩いて，徒歩で
pijama	*n.m.*	パジャマ
pimienta	*n.f.*	コショウ
pimiento	*n.m.*	ピーマン
pirámide	*n.f.*	ピラミッド
pisar	*v.t.*	踏む
piscina	*n.f.*	プール
piso	*n.m.*	マンション
pizarra	*n.f.*	ホワイトボード
planchar	*v.t.*	アイロンをかける
plano	*n.m.*	（町の）地図
plástico	*n.m.*	プラスチック，合成樹脂
plátano	*n.m.*	バナナ
plato	*n.m.*	皿，料理
playa	*n.f.*	海辺
poco	*a.*	少ししか～ない
un poco	*exp.*	少し
pollo	*n.m.*	鶏肉
pollo asado	*n.m.*	ローストチキン
policía	*n.m./f.*	警察官
policía	*n.f.*	警察
poliéster	*n.m.*	ポリエステル
política	*n.f.*	政治
poner	*v.t.*	置く
ponerse	*v.ref.*	（～を）着る，身につける
portugués	*n.m.*	ポルトガル語
portugués/guesa	*a., n.m./f.*	ポルトガルの，ポルトガル人
postal	*n.f.*	絵葉書
postre	*n.m.*	デザート
practicar	*v.t.*	練習する
precioso/sa	*a.*	素敵な
preferir	*v.t.*	（～の方を）好む
pregunta	*n.f.*	質問
preguntar	*v.t.*	質問する
presentar	*v.t.*	紹介する
primavera	*n.f.*	春
primero/ra	*a., n.m./f.*	1番目，1番目の
prisa	*n.f.*	急ぎ
profesión	*n.f.*	職業
profesor/ra	*n.m./f.*	教師
psicología	*n.f.*	心理学
puerta	*n.f.*	ドア
pulpo	*n.m.*	タコ
pulsera	*n.f.*	ブレスレット
punto	*n.m.*	点
en punto	*exp.*	ちょうど（時間）

Q

qué	*int.*	何
¿Qué tal?	*exp.*	元気？
quedar	*v.i.*	待ち合わせる
quedarse	*v.ref.*	残る，泊まる
querer	*v.t.*	欲しい，～したい
querido/da	*a.*	（手紙の書き出し）親愛なる
queso	*n.m.*	チーズ
quién	*pron.*	誰
química	*n.f.*	化学
quince	*n.m., a*	15
quiosco	*n.m.*	売店，新聞スタンド

R

recepcionista	*n.m./f.*	受付係
receta	*n.f.*	レシピ
refresco	*n.m.*	清涼飲料水
regalo	*n.m.*	プレゼント
regla	*n.f.*	定規
relaciones internacionales	*n.f.pl.*	国際関係学
reloj	*n.m.*	時計
RENFE	*n.pr.*	スペイン国有鉄道
repetir	*v.t.*	繰り返す
residencia	*n.f.*	住所，居住地
respuesta	*n.f.*	答え
restaurante	*n.m.*	レストラン
reunión	*n.f.*	会合
revista	*n.f.*	雑誌
rico/ca	*a.*	金持ちの，おいしい
rizado/da	*a.*	パーマのかかった
rojo/ja	*a.*	赤い
rotulador	*n.m.*	マーカー

S

sábado	*n.m.*	土曜日
sardina	*n.f.*	イワシ
sal	*n.f.*	塩
salir	*v.i.*	出かける
saludo	*n.m.*	あいさつ，（手紙の結語）敬具
sandía	*n.f.*	スイカ
sangría	*n.f.*	サングリア
secretario/ria	*n.m./f.*	秘書
seda	*n.f.*	絹，シルク
segundo	*n.m.*	秒
segundo/da	*n.m./f., a.*	2番目，2番目の
seis	*n.m., a.*	6
sello	*n.m.*	切手
semana	*n.f.*	週
fin de semana	*n.m.*	週末

señor	*n.m.*	男性，（男性に対する敬称・呼びかけ）〜さん，〜氏
señora	*n.f.*	女性，（既婚女性に対する敬称・呼びかけ）〜さん，〜夫人
señorita	*n.f.*	女性，（未婚女性に対する敬称・呼びかけ）〜さん
serpiente	*n.f.*	ヘビ
Sevilla	*n.pr.*	セビリア
sí	*interj.*	はい
siete	*n.m., a.*	7
silla	*n.f.*	いす
sillón	*n.m.*	ひじ掛けいす
sitio	*n.m.*	場所
sociología	*n.f.*	社会学
sofá	*n.m.*	ソファ
solamente	*adv.*	単に
solo/la	*a.*	一人で
soltero/ra	*a.*	未婚の
sombrero	*n.m.*	（つばのある）帽子
Sonia	*n.pr.*	（名前）ソニア
sopa	*n.f.*	スープ
sopa castellana	*n.f.*	カスティーリャ風スープ（卵・ニンニク入りスープ）
su	*a.*	彼(ら)の，彼女（たち）の，あなた（たち）の【所有形容詞】
subir	*v.i.*	登る
sucio/cia	*a.*	汚れた
sueño	*n.m.*	夢
supermercado	*n.m.*	スーパーマーケット

T

talla	*n.f.*	サイズ
taller	*n.m.*	作業場，修理工場
también	*adv.*	〜もまた
tardar	*v.i.*	時間がかかる
tarde	*n.f.*	午後
de la tarde	*exp.*	午後の
tarde	*adv.*	遅く
tarta	*n.f.*	ケーキ
taxi	*n.m.*	タクシー
taxista	*n.m./f.*	タクシー運転手
te	*pron.*	君を【直接目的格代名詞】，君に【間接目的格代名詞】
té	*n.m.*	紅茶
teatro	*n.m.*	劇場
teléfono	*n.m.*	電話
televisión	*n.f.*	テレビ
tener	*v.t.*	持つ，所有する
tenis	*n.m.*	テニス
tercero/ra	*n.m., a.*	3番目，3番目の
terminar	*v.i., v.t.*	終わる
ternera	*n.f.*	子牛の肉
tiburón	*n.m.*	サメ
tienda	*n.f.*	店
tiempo	*n.m.*	時間，天気
tipo	*n.m.*	タイプ
tijeras	*n.f.pl.*	はさみ
toalla	*n.f.*	タオル
tocar	*v.t.*	弾く
todavía	*adv.*	まだ
tomate	*n.m.*	トマト
tónica	*n.f.*	トニック
toro	*n.m.*	雄牛
torre	*n.f.*	塔
tortilla	*n.f.*	オムレツ
tostado	*n.m.*	トースト
tostadora	*n.f.*	トースター
trabajar	*v.i.*	働く
traje	*n.m.*	服，スーツ
trece	*n.m., a.*	13
tren	*n.m.*	電車
tres	*n.m., a.*	3
tu	*a.*	君の【所有形容詞】
tú	*pron.*	君は【主格代名詞】
turista	*n.m./f.*	観光客

U

último/ma	*n.m./f.*	最後の
un	*art.*	【不定冠詞男性単数形】
una	*art.*	【不定冠詞女性単数形】
unas	*art.*	【不定冠詞女性複数形】
universidad	*n.f.*	大学
uno	*n.m., a.*	1
unos	*art.*	【不定冠詞男性複数形】
usted	*pron.*	あなたは【主格人称代名詞】
ustedes	*pron.*	あなたたちは【主格人称代名詞】
uva	*n.f.*	ブドウ

V

vaca	*n.f.*	雌牛
vacaciones	*n.f.pl*	休暇
vacaciones de verano	*n.f.pl*	夏休み
vaqueros	*n.m.pl.*	ジーンズ
vender	*v.t.*	売る
venir	*v.i.*	来る
ver	*v.t.*	見る
verano	*n.m.*	夏
verde	*a.*	緑の
verdura	*n.f.*	野菜
vez	*n.f.*	〜回
vestido	*n.m.*	ドレス
viajar	*v.i.*	旅行する
viaje	*n.m.*	旅行
viernes	*n.m.*	金曜日
vinagre	*n.m.*	酢
vino	*n.m.*	ワイン
vino blanco	*n.m.*	白ワイン
vino tinto	*n.m.*	赤ワイン
visita	*n.f.*	訪問
visitar	*v.t.*	訪問する

vivir	*v.i.*	生きる，住む
vocabulario	*n.m.*	語彙
volver	*v.i.*	戻る
vosotros/tras	*pron.*	君たちは【主格人称代名詞】
vuestro/tra	*a.*	君たちの【所有詞】

Y

y	*conj.*	そして，～と，それで
ya	*adv.*	すでに
yegua	*n.f.*	雌馬
yo	*pron.*	私は【主格人称代名詞】

Z

zapatos	*n.m.pl.*	靴
zumo	*n.m.*	ジュース

あ

あいさつ	saludo	*n.m.*
アイスクリーム	helado	*n.m.*
IT エンジニア	informático/ca	*n.m./f.*
アイロンをかける	planchar	*v.t.*
青い	azul	*a.*
赤い	rojo/ja	*a.*
赤ワイン	vino tinto	*n.m.*
秋	otoño	*n.m.*
商い	comercio	*n.m.*
アクリル	acrílico	*n.m.*
開ける	abrir	*v.t.*
あごひげ	barba	*n.f.*
朝	mañana	*n.f.*
足	pie	*n.m.*
明日	mañana	*adv.*
また明日。	Hasta mañana.	*exp.*
アスパラガス	espárrago	*n.m.*
遊ぶ	jugar	*v.i.*
頭	cabeza	*n.f.*
頭のいい	inteligente	*a.*
新しい	nuevo/va	*a.*
暑さ	calor	*n.m.*
後で	luego	*adv.*
(～の) 後に［時間］	en	*prep.*
あなたは【主格人称代名詞】	usted	*pron.*
あなた(たち)の【所有形容詞】	su	*a.*
あなたたちは【主格人称代名詞】	ustedes	*pron.*
あなたに【間接目的格代名詞】	le	*pron.*
兄	hermano	*n.m.*
姉	hermana	*n.f.*
あの【指示形容詞（男性形）】	aquel	*adj.*
あの【指示形容詞（女性形）】	aquella	*a.*
油	aceite	*n.m.*
甘い	dulce	*a.*
雨が降る	llover	*v.i.*
アメリカ合衆国	Estados Unidos	*n.pr.*
洗う（体を）	lavarse	*v.ref.*
洗う（食器などを）	fregar	*v.t.*
ありがとう	gracias	*interj.*
ある	estar	*v.i.*
ある	hay (<haber)	*v.t.*
歩いて	a pie	*exp.*
あるいは	o	*conj.*
アルゼンチン	Argentina	*n.pr.*
あれ【指示代名詞（男性形）】	aquel	*pron.*
あれ【指示代名詞（女性形）】	aquella	*pron.*
あれ【指示代名詞（中性）】	aquello	*pron.*

い

いいえ	no	*interj.*
言う	decir	*v.t.*
家	casa	*n.f.*
イカ	calamar	*n.m.*
医学	medicina	*n.f.*
イギリス	Inglaterra	*n.pr.*
イギリス人	inglés/glesa	*n.m./f.*
イギリスの	inglés/glesa	*a.*
生きる	vivir	*v.i.*
行く	ir	*v.i.*
医師	médico/ca	*n.m./f.*
いす	silla	*n.f.*
急ぎ	prisa	*n.f.*
痛み	dolor	*n.m.*
イタリア語	italiano	*n.m.*
イタリア人	italiano/na	*n.m./f.*
イタリアの	italiano/na	*a.*
1	uno	*n.m., a.*
いちご	fresa	*n.f.*
一度も～ない	nunca	*adv.*
1 日	día	*n.m.*
市場	mercado	*n.m.*
1 番目	primero/ra	*n.m./f.*
1 番目の	primero/ra	*a.*
いつ	cuándo	*int.*
(～と) 一緒に	con	*prep.*
犬	perro/rra	*n.m./f.*
妹	hermana	*n.f.*
イヤリング	pendiente	*n.m.*
イラスト	dibujo	*n.m.*
いる	estar	*v.i.*
イルカ	delfín	*n.m.*
色	color	*n.m.*
イワシ	sardina	*n.f.*
印象的な	impresionante	*a.*

う

ウール	lana	*n.f.*
ウェイター	camarero	*n.m.*
ウェイトレス	camarera	*n.f.*
ウェーブのかかった	ondulado/da	*a.*
上に	encima	*adv.*
受付係	recepcionista	*n.m./f.*
失う	perder	*v.t.*
(…の) 後ろに	detrás (de...)	*adv.*
歌	canción	*n.f.*
歌う	cantar	*v.t.*
ウナギの稚魚	angula	*n.f.*
馬	caballo	*n.m.*
海	mar	*n.m.*
海辺	playa	*n.f.*
売る	vender	*v.t.*
上着	chaqueta	*n.f.*
運転手	conductor/tora	*n.m./f.*
運転する	conducir	*v.t., v.i.*
運転免許証	carné de conducir	*n.m.*
運動	ejercicio	*n.m.*

え

絵	cuadro	*n.m.*
映画	cine	*n.m.*
映画（作品）	película	*n.f.*
映画館	cine	*n.m.*
英語	inglés	*n.m.*
駅	estación	*n.f.*
エコノミスト	economista	*n.m./f.*
エスプレッソ	café solo	*n.m.*
絵葉書	postal	*n.f.*
エビ（小型の）	gamba	*n.f.*
選ぶ	elegir	*v.t.*
遠足	excursión	*n.f.*
鉛筆	lápiz	*n.m.*

お

おいしい	delicioso/sa, rico/ca	*a.*
置いておく	dejar	*v.t.*
雄牛	toro	*n.m.*
応用	aplicación	*n.f.*
大きい	grande	*a.*
多くの	mucho/cha	*a.*
（より）多くの	más【mucho の比較級】	*a., adv.*
OK	De acuerdo.	*exp.*
オーブン	horno	*n.m.*
起きる	levantarse	*v.ref.*
置く	poner	*v.t.*
教える	enseñar	*v.t.*
遅く	tarde	*adv.*
夫	esposo, marido	*n.m.*
弟	hermano	*n.m.*
お得な	económico/ca	*a.*
一昨日	anteayer	*adv.*
オフィス	oficina	*n.f.*
オムレツ	tortilla	*n.f.*
オリーブの実	aceituna	*n.f.*
オレンジ	naranja	*n.f.*
終わり	fin	*n.m.*
終わる	terminar	*v.i., v.t.*
音楽	música	*n.f.*
女の子	chica	*n.f.*

か

課	lección	*n.f.*
～回	vez	*n.f.*
海岸	costa	*n.f.*
会合	reunión	*n.f.*
外国（人）	extranjero/ra	*n.m./f.*
外国の	extranjero/ra	*a.*
海産物	marisco	*n.m.*
会社	empresa	*n.f.*
買い物	compra	*n.f.*
買い物に行く	ir de compras	*exp.*
買い物をする	hacer la compra	*exp.*
買う	comprar	*v.t.*
化学	química	*n.f.*
鍵	llave	*n.f.*
書く	escribir	*v.t.*
家具	mueble	*n.m.*
学生	estudiante	*n.m./f.*
確認する	confirmar	*v.t.*
学部	facultad	*n.f.*
傘	paraguas【単複同形】	*n.m.*
飾りくし	peineta	*n.f.*
菓子パン	bollo	*n.m.*
貸す	dejar	*v.t.*
カスティーリャ風スープ	sopa catellana	*n.f.*
ガスなしウォーター	agua sin gas	*n.f.*
ガスパチョ	gazpacho	*n.m.*
家族	familia	*n.f.*
カタツムリ	caracol	*n.m.*
楽器	instrumento musical	*n.m.*
学校	escuela	*n.f.*
金持ちの	rico/ca	*a.*
彼女は【主格代名詞】	ella	*pron.*
彼女（たち）の【所有形容詞】	su	*a.*
彼女たちは【主格代名詞】	ellas	*pron.*
彼女に【間接目的格代名詞】	le	*pron.*
カフェオレ	café con leche	*n.m.*
髪の毛	pelo	*n.m.*
カメラ	cámara	*n.f.*
火曜日	martes	*n.m.*
～から	de	*prep.*
～から	desde	*prep.*
～からできた	de	*prep.*
彼に【間接目的格代名詞】	le	*pron.*
彼は【主格代名詞】	él	*pron.*
彼らは【主格代名詞】	ellos	*pron.*
彼(ら)の【所有形容詞】	su	*a.*
ガレージ	garaje	*n.m.*
軽い	ligero/ra	*a.*
彼を【直接目的格代名詞(男性単数形)】	lo	*pron.*
革	cuero	*n.m.*
側（がわ）	lado	*n.m.*
かわいい	bonito/ta	*a.*
観客	auditorio	*n.m.*
観光客	turista	*n.m./f.*
看護学	enfermería	*n.f.*
看護師	enfermero/ra	*n.m./f.*
勘定	cuenta	*n.f.*

き

木	árbol	*n.m.*
企業	empresa	*n.m.*
聴く	escuchar	*v.t., v.i.*
気候	clima	*n.m.*
聞こえる	oír	*v.t., v.i.*
既婚の	casado/da	*a.*

技師	ingeniero/ra	*n.m./f.*
キス	beso	*n.m.*
ギター	guitarra	*n.f.*
喫茶店	cafetería	*n.f.*
切手	sello	*n.m.*
切符	billete	*n.m.*
絹	seda	*n.f.*
昨日	ayer	*adv.*
君は【主格代名詞】	tú	*pron.*
君たちは【主格人称代名詞】	vosotros/tras	*pron.*
君たちに【間接目的格代名詞】	os	*pron.*
君たちの【所有詞】	vuestro/tra	*a.*
君たちを【直接目的格代名詞】	os	*pron.*
君に【間接目的格代名詞】	te	*pron.*
君の【所有形容詞】	tu	*a.*
君を【直接目的格代名詞】	te	*pron.*
キャビンアテンダント	azafato/ta	*n.m./f.*
キャベツ	col	*n.f.*
9	nueve	*n.m., a.*
休暇	vacaciones	*n.f.pl.*
救急車	ambulancia	*n.f.*
教育学	pedagogía	*n.f.*
教会	iglesia	*n.f.*
教科書	libro de texto	*n.m.*
競技場	estadio	*n.m.*
教師	profesor/ra	*n.m./f.*
教室	aula【単数形の定冠詞は el】	*n.f.*
興味深い	interesante	*a.*
居住地	residencia	*n.f.*
(~を) 着る	ponerse	*v.ref.*
銀行	banco	*n.m.*
金曜日	viernes	*n.m.*

く

空港	aeropuerto	*n.m.*
空腹	hambre【単数形の定冠詞は el】	*n.f.*
薬	medicina	*n.f.*
果物	fruta	*n.f.*
口ひげ	bigote	*n.m.*
靴	zapatos	*n.m.pl.*
靴下	calcetín	*n.m.*
国	país	*n.m.*
暗い	oscuro/ra	*a.*
グラウンド	campo	*n.m.*
栗色の	marrón	*a.*
繰り返す	repetir	*v.t.*
クリニック	clínica	*n.f.*
来る	venir	*v.i.*
車	coche	*n.m.*
黒い	negro/ra	*a.*
クロワッサン	croissant	*n.m.*

け

敬具(手紙の結語)	saludo	*n.m.*
経営学	empresariales	*n.m.pl.*
経済学	economía	*n.f.*
警察	policía	*n.f.*
警察官	policía	*n.m./f.*
警察署	comisaría	*n.f.*
芸術	arte	*n.m.*
携帯電話	móvil	*n.m.*
ケーキ	tarta	*n.f.*
ケース	estuche	*n.m.*
劇場	teatro	*n.m.*
消しゴム	goma	*n.f.*
決して~ない	nunca	*adv.*
月曜日	lunes	*n.m.*
解熱鎮痛剤	aspirina	*n.f.*
元気?	¿Qué tal?	*exp.*
研究室	despacho	*n.m.*
言語	idioma; lengua	*n.m.; n.f.*
言語学	lingüística	*n.f.*
建築(学)	arquitectura	*n.f.*
建築家	arquitecto/ta	*n.m./f.*

こ

5	cinco	*n.m., a.*
語彙	vocabulario	*n.m.*
恋人	novio/via	*n.m./f.*
公園	parque	*n.m.*
工学	ingeniería	*n.f.*
子牛の肉	ternera	*n.f.*
工場	fábrica	*n.f.*
合成樹脂	plástico	*n.m.*
高速道路	autopista	*n.f.*
紅茶	té	*n.m.*
講堂	auditorio	*n.m.*
公務員	funcionario/ria	*n.m./f.*
コート(衣服)	abrigo	*n.m.*
コート(テニスなどの)	cancha	*n.f.*
コーヒー	café	*n.m.*
語学学校	escuela de idiomas	*n.f.*
語句	frase	*n.f.*
国際関係学	relaciones internacionales	*n.f.pl.*
国籍	nacionalidad	*n.f.*
ここ	aquí	*adv.*
午後	tarde	*n.f.*
午後の	de la tarde	*exp.*
コショウ	pimienta	*n.f.*
小銭入れ	monedero	*n.m.*
午前の	de la mañana	*exp.*
答え	respuesta	*n.f.*
答える	contestar	*v.t., v.i.*
応える	corresponder	*v.i., v.t.*
古典的な	clásico	*a.*

この【指示形容詞（女性形）】	esta	*a.*
この【指示形容詞（男性形）】	este	*a.*
この人たち【指示形容詞（男性複数・男女複数／女性複数）】	estos / estas	*a.*
（～の方を）好む	preferir	*v.t.*
子羊	cordero	*n.m.*
ごみ箱	papelera	*n.f.*
米	arroz	*n.m.*
ゴメス（姓）	Gómez	*n.pr.*
ゴルフ	golf	*n.m.*
これ【指示代名詞（女性形）】	esta	*pron.*
これ【指示代名詞（男性形）】	este	*pron.*
これ【指示代名詞（中性）】	esto	*pron.*
これら【指示形容詞（男性複数・男女複数／女性複数）】	estos / estas	*a.*
コロンビア	Colombia	*n.pr.*
ゴンサレス（姓）	González	*n.pr.*
コンピューター	ordenador	*n.m.*
コンロ	cocina	*n.f.*

さ

歳（さい）	año	*n.m.*
私は…歳です。	Tengo...años.	*exp.*
最後の	último/ma	*n.m./f.*
サイズ	talla	*n.f.*
財布	monedero	*n.m.*
魚（生き物）	pez	*n.m.*
魚（食品）	pescado	*n.m.*
作業場	taller	*n.m.*
さくらんぼ	cereza	*n.f.*
札入れ	cartera	*n.f.*
作家	escritor/ra	*n.m./f.*
サッカー	fútbol	*n.m.*
サッカー選手	futbolista	*n.m./f.*
雑誌	revista	*n.f.*
砂糖	azúcar	*n.m.*
砂漠	desierto	*n.m.*
寒さ	frío	*n.m.*
サメ	tiburón	*n.m.*
さようなら	adiós	*interj.*
皿	plato	*n.m.*
サラダ	ensalada	*n.f.*
サル	mono	*n.m.*
～さん（男性に対する敬称・呼びかけ）	señor	*n.m.*
～さん（既婚女性に対する敬称・呼びかけ）	señora	*n.f.*
～さん（未婚女性に対する敬称・呼びかけ）	señorita	*n.f.*
3	tres	*n.m., a.*
サングリア	sangría	*n.f.*
30分	media	*n.f.*
3番目	tercero/ra	*n.m./f.*
3番目の	tercero/ra	*a.*
散歩	paseo	*n.m.*
散歩する	pasear	*v.i.*

し

～氏（男性に対する敬称・呼びかけ）	señor	*n.m.*
試合	partido	*n.m.*
ジーンズ	vaqueros	*n.m.pl.*
シェリー酒	jerez	*n.m.*
塩	sal	*n.f.*
しかし	pero	*conj.*
時間（時刻）	hora	*n.f.*
時間（長さ）	tiempo	*n.m.*
時間がかかる	tardar	*v.i.*
試験	examen	*n.m.*
事故	accidente	*n.m.*
辞書	diccionario	*n.m.*
施設	establecimiento	*n.m.*
自然	naturaleza	*n.f.*
（私は）…したいのですが	Me gustaría...	*exp.*
～したい	querer	*v.t.*
時代遅れの	anticuado/da	*a.*
（…の）下に	debajo (de...)	*adv.*
質問	pregunta	*n.f.*
質問する	preguntar	*v.t.*
自転車	bici(cleta)	*n.f.*
自転車競技	ciclismo	*n.m.*
芝生	césped	*n.m.*
支払う	pagar	*v.t.*
紙幣	billete	*n.m.*
事務室	despacho	*n.m.*
ジャーナリスト	periodista	*n.m./f.*
ジャーナリズム	periodismo	*n.m.*
社会学	sociología	*n.f.*
ジャガイモ	patata	*n.f.*
写真	foto	*n.f.*
シャツ	camisa	*n.f.*
週	semana	*n.f.*
10	diez	*n.m., a.*
11	once	*n.m., a.*
従業員	empleado/da	*n.m./f.*
15	quince	*n.m., a*
15分	cuarto	*n.m.*
13	trece	*n.m., a.*
住所	residencia	*n.f.*
ジュース	zumo	*n.m.*
12	doce	*n.m., a*
週末	fin de semana	*n.m.*
14	catorce	*n.m., a*
修理工場	taller	*n.m.*
授業	clase	*n.f.*
宿題	deberes	*n.m.pl.*
～出身の	de	*prep.*
主夫／主婦	amo/ma de casa	*n.m./f.*
趣味	afición	*n.f.*
紹介する	presentar	*v.t.*

商学	comercio	*n.m.*
定規	regla	*n.f.*
乗客	pasajero/ra	*n.m./f.*
正午	mediodía	*n.m.*
上手に	bien	*adv.*
情報科学	informática	*n.f.*
消防士	bombero/ra	*n.m./f.*
小旅行	excursión	*n.f.*
ショー	espectáculo	*n.m.*
職業	profesión	*n.f.*
食洗機	lavavajillas【単複同形】	*n.m.*
食堂	comedor	*n.m.*
女性	mujer	*n.f.*
女性（既婚の）	señora	*n.f.*
女性（未婚の）	señorita	*n.f.*
書店	librería	*n.f.*
所有する	tener	*v.t.*
女優	actriz	*n.f.*
書類カバン	cartera	*n.f.*
シルク	seda	*n.f.*
城	castillo	*n.m.*
白ワイン	vino blanco	*n.m.*
親愛なる（手紙の書き出し）	querido/da	*a.*
親切な	amable	*a.*
人物	persona	*n.f.*
新聞	periódico	*n.m.*
新聞スタンド	quiosco	*n.m.*
深夜（の）	(de la) madrugada	*n.f.*
心理学	psicología	*n.f.*
人類学	antropología	*n.f.*

す

酢	vinagre	*n.m.*
水泳	natación	*n.f.*
スイカ	sandía	*n.f.*
水曜日	miércoles	*n.m.*
スウェット	chándal	*n.m.*
数学	matemáticas	*n.f.pl.*
数字	número	*n.m.*
スーツ	traje	*n.m.*
スーパーマーケット	supermercado	*n.m.*
スープ	sopa	*n.f.*
スカート	falda	*n.f.*
（～が）好きだ	gustar	*v.i*
（より）少なく	menos【poco の比較級】	*a., adv.*
スケジュール帳	agenda	*n.f.*
少し	un poco	*exp.*
少ししか～ない	poco	*a.*
住む	vivir	*v.i.*
スタジアム	estadio	*n.m.*
素敵な	precioso/sa	*a.*
すでに	ya	*adv.*
スパークリングワイン	cava	*n.f.*
すばらしい	excelente, fantástico/ca, genial	*a.*
スプーン	cuchara	*n.f.*
スペイン	España	*n.pr.*
スペイン語	español	*n.m.*
スペイン国有鉄道	RENFE	*n.pr.*
スペイン人	español/la	*n.m./f.*
スペインの	español/la	*a.*
スペイン料理	comida española	*n.f.*
スポーツ	deporte	*n.m.*
ズボン	pantalónes	*n.m.pl.*
すみません	perdón	*interj.*
住む	vivir	*v.i.*
する	hacer	*v.t.*
する（球技などを）	jugar	*v.i.*
～する予定だ，～するだろう	ir + a +不定詞	*exp.*
（～位）寸法がある	medir	*v.t.*

せ

清潔な	limpio/pia	*a.*
政治（学）	política	*n.f.*
正式な	oficial	*a.*
製造する	fabricar	*v.t.*
生徒	alumno/na	*n.m./f.*
整備士	mecánico/ca	*n.m./f.*
生物学	biología	*n.f.*
清涼飲料水	refresco	*n.m.*
セーター	jersey	*n.m.*
世界	mundo	*n.m.*
背が高い	alto/ta	*a.*
背が低い	bajo/ja	*a.*
セビリア	Sevilla	*n.pr.*
狭い	estrecho/cha	*a.*
0（ゼロ）	cero	*n.m., a.*
1000	mil	*n.m., a.*
専攻	especialización	*n.f.*
洗濯機	lavadora	*n.f.*
専門	especialización	*n.f.*

そ

象	elefante	*n.m.*
倉庫	almacén	*n.m.*
掃除する	limpiar	*v.t.*
そして	y	*conj.*
袖	manga	*n.f.*
（名前）ソニア	Sonia	*n.pr.*
その【指示形容詞（女性形）】	esa	*a.*
その【指示形容詞（男性形）】	ese	*a.*
そのうえ	además	*adv.*
（…の）そばに	al lado (de...)	*exp.*
祖父	abuelo	*n.m.*
ソファ	sofá	*n.m.*
祖父母	abuelos	*n.m.pl.*

祖母	abuela	*n.f.*
空	cielo	*n.m.*
それ【指示代名詞（女性形）】	esa	*pron.*
それ【指示代名詞（男性形）】	ese	*pron.*
それ【指示代名詞（中性）】	eso	*pron.*
それぞれの	cada	*a.*
それで	y	*conj.*
それを【直接目的格代名詞（男性単数形）】	lo	*pron.*

た

体育館	gimnasio	*n.m.*
大学	universidad	*n.f.*
大工	carpintero/ra	*n.m./f.*
台所	cocina	*n.f.*
ダイニング	comedor	*n.m.*
タイプ	tipo	*n.m.*
対話	diálogo	*n.m.*
タオル	toalla	*n.f.*
高い（背が）	alto/ta	*a.*
高い（値段が）	caro/ra	*a.*
たくさんの	mucho/cha	*a.*
タクシー	taxi	*n.m.*
タクシー運転手	taxista	*n.m./f.*
タコ	pulpo	*n.m.*
確かめる	confirmar	*v.t.*
建物	edificio	*n.m.*
タバコ屋	estanco	*n.m.*
タバコを吸う	fumar	*v.i.*
食べ物	comida	*n.f.*
食べる	comer	*v.t.*
卵	huevo	*n.m.*
タマネギ	cebolla	*n.f.*
(〜の) ために	para	*prep.*
タラ	bacalao	*n.m.*
誰	quién	*pron.*
誕生日	cumpleaños【単複同形】	*n.m.*
男性	hombre, señor	*n.m.*
単に	solamente	*adv.*
段落	párrafo	*n.m.*

ち

チーズ	queso	*n.m.*
小さい	pequeño/na	*a.*
(…の) 近くに	cerca (de...)	*adv.*
地下鉄	metro	*n.m.*
地図	mapa	*n.m.*
地図（町の）	plano	*n.m.*
父親	padre	*n.m.*
中国	China	*n.pr.*
中国語	chino	*n.m.*
中国人	chino/na	*n.m./f.*
中国の	chino/na	*a.*
駐車場	aparcamiento	*n.m.*
駐車する	aparcar	*v.t.*
昼食	almuerzo	*n.m.*
中心（町などの）	centro	*n.m.*
チュロス	churro	*n.m.*
朝食	desayuno	*n.m.*
朝食をとる	desayunar	*v.i., v.t.*
ちょうど（時間）	en punto	*exp.*
直毛の	liso/sa	*a.*
チョコレート	chocolate	*n.m.*
賃貸	alquiler	*n.m.*

つ

通常は	normalmente	*adv.*
疲れている	cansado/da	*a.*
月（期間）	mes	*n.m.*
(…の) つきあたりに	al fin de...	*exp.*
机	mesa	*n.f.*
作る	hacer	*v.t.*
妻	esposa, mujer	*n.f.*
(〜する)つもりである	ir a ＋不定詞	*exp.*

て

手	mano	*n.f.*
〜で	en	*prep.*
T シャツ	camiseta	*n.f.*
【定冠詞（男性単数形）】	el	*art.*
【定冠詞（女性単数形）】	la	*art.*
提出する	entreger	*v.t.*
ディスコ	discoteca	*n.f.*
停留所	parada	*n.f.*
テーブル	mesa	*n.f.*
出かける	salir	*v.i.*
手紙	carta	*n.f.*
デザート	postre	*n.m.*
哲学	filosofía	*n.f.*
デッサン	dibujo	*n.m.*
テニス	tenis	*n.m.*
デパート	grandes almacenes	*n.m.pl.*
手袋	guante	*n.m.*
テレビ	televisión	*n.f.*
点	punto	*n.m.*
店員	dependiente/ta	*n.m./f.*
天気	tiempo	*n.m.*
電気掃除機	aspiradora	*n.f.*
天才的な	genial	*a.*
展示会	exposición	*n.f.*
電車	tren	*n.m.*
展覧会	exposición	*n.f.*
電話	teléfono	*n.m.*
電話する	llamar	*v.t.*
電話番号	número de teléfono	*n.m.*

と

〜と	y	*conj.*
ドア	puerta	*n.f.*

ドイツ	Alemania	*n.pr.*
ドイツ語	alemán	*n.m.*
ドイツ人	alemán/mana	*n.m./f.*
ドイツの	alemán/mana	*a.*
塔	torre	*n.f.*
同意	acuerdo	*n.m.*
トウガラシ	guindilla	*n.f.*
登場人物	personaje	*n.m.*
到着する	llegar	*v.i.*
道路	carretera	*n.f.*
(…から) 遠くに	lejos (de...)	*adv.*
トースター	tostadora	*n.f.*
トースト	tostado	*n.m.*
通り	calle	*n.f.*
通り	paseo	*n.m.*
時計	reloj	*n.m.*
どこ	dónde	*int.*
どこに	¿A dónde?	*exp.*
(…は) どこにありますか?	¿Dónde está...?	*exp.*
どこへ	¿A dónde?	*exp.*
歳 (とし)	año	*n.m.*
図書館	biblioteca	*n.f.*
とても	mucho	*adv.*
とても	muy	*adv.*
トニック	tónica	*n.f.*
どのくらい	cuánto	*int.*
どのくらいの時間がかかりますか?	¿Cuánto tiempo tarda?	*exp.*
どのように	cómo	*int.*
徒歩で	a pie	*exp.*
トマト	tomate	*n.m.*
泊まる	quedarse	*v.ref.*
土曜日	sábado	*n.m.*
鶏肉	pollo	*n.m.*
どれ	cuál	*int.*
ドレス	vestido	*n.m.*

な

長い	largo/ga	*a.*
(…の) 中に	dentro (de...)	*adv.*
中庭	patio	*n.m.*
仲間	compañero/ra	*n.m./f.*
夏	verano	*n.m.*
夏休み	vacaciones de verano	*n.f.pl.*
7	siete	*n.m., a.*
何	cuál	*int.*
何	qué	*int.*
何になさいますか?	¿Qué desea usted?	*exp.*
何もない	nada	*pron.*
名前	nombre	*n.m.*
(～という) 名前である	llamarse	*v.ref.*
何歳ですか?	¿Cuántos años tiene(s)?	*exp.*
(今)何時ですか?	¿Qué hora es?	*exp.*
何時に…ですか?	¿A qué hora...?	*exp.*

に

2	dos	*n.m., a.*
～に (方向)	a	*prep.*
～に (場所)	en	*prep.*
～において	en	*prep.*
肉	carne	*n.f.*
日曜日	domingo	*n.m.*
2 番目	segundo/da	*n.m./f.*
2 番目の	segundo/da	*a.*
日本	Japón	*n.pr.*
日本語	japonés	*n.m.*
日本人	japonés/nesa	*n.m./f.*
日本の	japonés/nesa	*a.*
二枚貝	almeja	*n.f.*
入場券	entrada	*n.f.*
ニュース	noticia	*n.f.*
入浴する	bañarse	*v.ref.*
庭	jardín	*n.m.*
ニンニク	ajo	*n.m.*

ね

ネクタイ	corbata	*n.f.*
ネクタイピン	pasador	*n.m.*
猫	gato	*n.m.*
ネックレス	collar	*n.m.*
眠る	dormir	*v.i.*
寝る	acostarse	*v.ref.*
年 (ねん)	año	*n.m.*

の

～の	de	*prep.*
農民	agricultor/tora	*n.m./f.*
ノート	cuaderno	*n.m.*
残る	quedarse	*v.ref*
望む	desear	*v.t.*
登る	subir	*v.i.*
飲み物	bebida	*n.f.*
飲む	beber	*v.t., v.i.*
のり	pegamento	*n.m.*
乗る	montar	*v.i.*

は

パーティ	fiesta	*n.f.*
パーマのかかった	rizado/da	*a.*
はい	sí	*interj.*
バイク	moto	*n.f.*
売店	quiosco	*n.m.*
俳優	actor	*n.m.*
入る	entrar	*v.i.*
パエリャ	paella	*n.f.*
測る	medir	*v.t.*
博物館	museo	*n.m.*
運ぶ	llevar	*v.t.*
はさみ	tijeras	*n.f.pl.*
始める	empezar	*v.t.*

パジャマ	pijama	*n.m.*
場所	sitio	*n.m.*
バス	autobús	*n.m.*
働く	trabajar	*v.i.*
8	ocho	*n.m., a.*
話す	hablar	*v.t.*
バナナ	plátano	*n.m.*
母	madre	*n.f.*
ハム	jamón	*n.m.*
パラグラフ	párrafo	*n.m.*
パリ	París	*n.pr.*
春	primavera	*n.f.*
バル	bar	*n.m.*
バルコニー	balcón	*n.m.*
半（時間の）	media	*n.f.*
パン	pan	*n.m.*
繁華街	centro	*n.m.*
ハンカチ	pañuelo	*n.m.*
番号	número	*n.m.*
ハンドバッグ	bolso	*n.m.*
パン屋	panadería	*n.f.*

ひ

日	día	*n.m.*
ピアノ	piano	*n.m.*
ピーマン	pimiento	*n.m.*
ビール	cerveza	*n.f.*
弾く	tocar	*v.t.*
低い	bajo/ja	*a.*
ひげを剃る	afeitarse	*v.ref.*
飛行機	avión	*n.m.*
ひじ掛けいす	sillón	*n.m.*
美術	bellas artes	*n.f.pl*
美術館	museo	*n.m.*
秘書	secretario/ria	*n.m./f.*
非常に	muy	*adv.*
ビスケット	galleta	*n.f.*
（…の）左側に	a la izquierda (de...)	*exp.*
左の	izquierdo/da	*a.*
ぴったり合った	ajustado/da	*a.*
一人で	solo/la	*a.*
100	cien	*n.m., a.*
秒	segundo	*n.m.*
病院	hospital	*n.m.*
病気	enfermedad	*n.f.*
ピラミッド	pirámide	*n.f.*
ビルディング	edificio	*n.m.*
昼間	día	*n.m.*
広い	ancho/cha	*a.*

ふ

プール	piscina	*n.f.*
服	traje	*n.m.*
夫妻	esposos	*n.m.pl.*
～夫人（既婚女性に対する敬称・呼びかけ）	señora	*n.f.*
ブタ	cerdo	*n.m.*
物理学	física	*n.f.*
【不定冠詞（女性単数形）】	una	*art.*
【不定冠詞（女性複数形）】	unas	*art.*
【不定冠詞（男性単数形）】	un	*art.*
【不定冠詞（男性複数形）】	unos	*art.*
ブドウ	uva	*n.f.*
太った	gordo/da	*a.*
踏む	pisar	*v.t.*
冬	invierno	*n.m.*
プラスチック	plástico	*n.m.*
フラメンコ	flamenco	*n.m.*
フランス	Francia	*n.pr.*
フランス語	francés	*n.m.*
フランス人	francés/cesa	*n.m./f.*
フランスの	francés/cesa	*a.*
プリン	flan	*n.m.*
古い	antiguo/gua	*a.*
古くさい	anticuado/da	*a.*
ブレスレット	pulsera	*n.f.*
プレゼント	regalo	*n.m.*
分（時間）	minuto	*n.m.*
文	frase, oración	*n.f.*
文学	literatura	*n.f.*
文房具店	papelería	*n.f.*

へ

～へ	a	*prep.*
ヘアピン	horquilla	*n.f.*
ページ	página	*n.f.*
ベッド	cama	*n.f.*
ヘビ	serpiente	*n.f.*
部屋	habitación	*n.f.*
ペルー	Perú	*n.pr.*
ベルト	cinturón	*n.m.*
勉強する	estudiar	*v.i.,v.t.*
ペンケース	estuche	*n.m.*
弁護士	abogado/da	*n.m./f.*

ほ

法学	derecho	*n.m.*
帽子（つばのある）	sombrero	*n.m.*
帽子（ひさしのついた）	gorra	*n.f.*
豊富な	abundante	*a.*
訪問	visita	*n.f.*
訪問する	visitar	*v.t.*
法律	derecho	*n.m.*
法律	ley	*n.f.*
ボールペン	bolígrafo	*n.m.*
ボカディーリョ（小型フランスパンのサンドイッチ）	bocadillo	*n.m.*
保健室	enfermería	*n.f.*
欲しい	querer	*v.t.*
ボタン	botón	*n.m.*
ホテル	hotel	*n.m.*

ホテル業	hostelería	*n.f.*
ホテル経営（学）	hostelería	*n.f.*
ポリエステル	poliéster	*n.m.*
ポルトガル語	portugués	*n.m.*
ポルトガル人	portugués/guesa	*n.m./f.*
ポルトガルの	portugués/guesa	*a.*
ホワイトボード	pizarra	*n.f.*
本	libro	*n.m.*
本棚	estantería	*n.f.*

ま

マーカー	rotulador	*n.m.*
（…の）前に	delente (de...)	*adv.*
マグロ	atún	*n.m.*
まだ	todavía	*adv.*
または	o	*conj.*
待ち合わせる	quedar	*v.i.*
マッシュルーム	champiñón	*n.m.*
まったく〜ない	nada	*adv.*
〜まで	hasta	*prep.*
マドリード	Madrid	*n.pr.*
学ぶ	aprender	*v.t.*
豆類	legumbre	*n.f.*
マンション	piso	*n.m.*

み

（…の）右側に	a la derecha (de...)	*exp.*
右の	derecho/cha	*a.*
未婚の	soltero/ra	*a.*
短い	corto/ta	*a.*
水	agua【単数形の定冠詞は el】	*n.f.*
店	tienda	*n.f.*
ミックスサラダ	ensalada mixta	*n.f.*
見つける	encontrar	*v.t.*
緑の	verde	*a.*
ミニスカート	minifalda	*n.f.*
身につけている	llevar	*v.t.*
（〜を）身につける	ponerse	*v.ref.*
ミネラルウォーター	agua mineral	*n.m.*
未明（の）	(de la) madrugada	*n.f.*
見る	ver	*v.t.*

む

ムール貝	mejillón	*n.m.*
息子	hijo	*n.m.*
娘	hija	*n.f.*

め

目	ojo	*n.m.*
雌牛	vaca	*n.f.*
めがね	gafas	*n.f.pl.*
メキシコ	México	*n.pr.*
雌馬	yegua	*n.f.*
メロン	melón	*n.m.*
綿（めん）	algodón	*n.m.*
メンバー	miembro	*n.m*

も

木曜日	jueves	*n.m.*
モダンな	moderno/na	*a.*
もちろん	naturalmente	*adv.*
持つ	tener	*v.t.*
持っている	llevar	*v.t.*
戻る	volver	*v.i.*
〜もまた	también	*adv.*
桃	melocotón	*n.m.*

や

やあ	hola	*interj.*
薬学	farmacia	*n.f.*
野菜	verdura	*n.f.*
安い	barato/ta	*a.*
やせた	delgado/da	*a.*
薬局	farmacia	*n.f.*
山	montaña	*n.f.*

ゆ

夕食	cena	*n.f.*
夕食をとる	cenar	*v.i., v.t.*
友人	amigo/ga	*n.m./f.*
郵便	correo	*n.m.*
郵便配達人	cartero/ra	*n.m./f.*
ユーロ（通貨）	euro	*n.m.*
夢	sueño	*n.m.*

よ

よい	bueno/na	*a.*
洋服だんす	armario	*n.m.*
羊毛	lana	*n.f.*
汚れた	sucio/cia	*a.*
横になる	acortarse	*v.ref.*
呼ぶ	llamar	*v.t.*
読む	leer	*v.t.*
より多くの	más【mucho の比較級】	*a., adv.*
より少なく	menos【poco の比較級】	*a., adv.*
夜	noche	*n.f.*
夜の	de la noche	*exp.*
4	cuatro	*n.m., a.*

ら

ライオン	león	*n.m.*
ラクダ	camello	*n.m.*

り

理解する	comprender	*v.t.*
理解できません。	No comprendo.	*exp.*
リュックサック	mochila	*n.f.*

了解。	De acuerdo.	*exp.*
両親	padres	*n.m.pl.*
料理	cocina, plato	*n.m.*
料理する	cocinar	*v.t.*
料理人	cocinero/ra	*n.m./f.*
料理法	gastronomía	*n.f.*
旅行	viaje	*n.m.*
旅行する	viajar	*v.i.*
りんご	manzana	*n.f.*

る

ルイス（名前）	Luis	*n.pr.*

れ

例	ejemplo	*n.m.*
冷蔵庫	nevera	*n.f.*
レシピ	receta	*n.f.*
レストラン	restaurante	*n.m.*
レタス	lechuga	*n.f.*
レモン	limón	*n.m.*
練習	ejercicio	*n.m.*
練習する	practicar	*v.t.*

ろ

6	seis	*n.m., a.*
ローストチキン	pollo asado	*n.m.*

わ

ワイン	vino	*n.m.*
わかりません。	No comprendo.	*exp.*
	No sé.	*exp.*
綿（わた）	algodón	*n.m.*
私は【主格人称代名詞】	yo	*pron.*
私たちは【主格人称代名詞】	nosotros/tras	*pron.*
私たちに【間接目的格代名詞】	nos	*pron.*
私たちの【所有形容詞】	nuestro/tra	*a.*
私たちを【直接目的格代名詞】	nos	*pron.*
私に【間接目的格代名詞】	me	*pron.*
私の【所有形容詞】	mi	*a.*
私を【直接目的格代名詞】	me	*pron.*
悪い	mal	*adv.*

坂東 省次（ばんどう しょうじ）
京都外国語大学名誉教授（2021 年逝去）

泉水 浩隆（せんすい ひろたか）
南山大学教授

Alejandro Contreras（アレハンドロ・コントレラス）
スペイン語教室 ADELANTE

ディアロゴス　ベーシック・コース

2023 年 3 月 20 日　第 1 版発行

著　者　坂東 省次　泉水 浩隆　Alejandro Contreras
発行者　前田 俊秀
発行所　株式会社 三修社
〒150-0001 東京都渋谷区神宮前 2-2-22
TEL 03-3405-4511　FAX 03-3405-4522
振替 00190-9-72758
https://www.sanshusha.co.jp
編集担当　松居奈都

印刷所　倉敷印刷株式会社

ISBN978-4-384-42023-4 C1087

表紙デザイン／土橋公政
本文イラスト／木村恵
イラスト地図／三浦ユカ
表紙・本文写真／Alejandro Contreras，泉水浩隆，柿原武史，千葉裕太

付属音声制作　株式会社メディアスタイリスト／有限会社スタジオグラッド
吹込み　Emilio Gallego Zambrano, Pilar Espinosa de los Monteros,
John David Barrientos Rodríguez, María Nieves Rodríguez Benito